CYFANSODDIADAU

a

BEIRNIADAETHAU

Eisteddfod AmGen 2021

Golygydd:
W. GWYN LEWIS

Cyhoeddir gan Lys yr Eisteddfod

ISBN 978-1-913257-01-9

Argraffwyd gan Wasg Gomer,
Llandysul, Ceredigion SA44 4JL

CYNGOR YR EISTEDDFOD GENEDLAETHOL 2021

Cymrodyr
Aled Lloyd Davies
R. Alun Evans
Geraint R. Jones
John Gwilym Jones
D. Hugh Thomas

SWYDDOGION Y LLYS
Llywydd
Ashok Ahir

Is-Lywyddion
Y Prifardd Myrddin ap Dafydd (Archdderwydd)
Elin Jones (Cadeirydd Pwyllgor Gwaith Eisteddfod Ceredigion)
Michael Strain (Cadeirydd Pwyllgor Gwaith Eisteddfod Llŷn ac Eifionydd)

Cadeirydd y Cyngor
Gethin Thomas

Is-Gadeirydd y Cyngor
Heulwen Jones

Cyfreithwyr Mygedol
Philip George
Emyr Lewis

Trysorydd
Gwenno Williams

Cofiadur yr Orsedd
Y Cyn-Archdderwydd Christine

Ysgrifennydd
Llŷr Roberts

Prif Weithredwr
Betsan Moses

Trefnydd a Phennaeth Artistig
Elen Huws Elis

RHAGAIR

A ninnau wedi byw drwy gyfnod hesb a llwm dros y flwyddyn ddiwethaf oherwydd y cyfyngiadau a osodwyd arnom yn sgil y pandemig, mae'n fwy o bleser nag arfer gennyf eleni gyflwyno i'ch sylw gyfrol *Cyfansoddiadau a Beirniadaethau Eisteddfod AmGen 2021* – yn llawn hyder y byddwch yn awchio am gael profi cynnyrch creadigol eisteddfodol unwaith yn rhagor. Gan adleisio geiriau R. Williams Parry yn ei soned 'Adref', rwy'n siŵr i ni i gyd deimlo 'na fu cyfnod fel y cyfnod hwn' yn hanes yr Eisteddfod Genedlaethol ers dyddiau Rhyfeloedd Byd y ganrif ddiwethaf – a ninnau eto eleni heb Brifwyl i'w mynychu yn y cnawd ddwy flynedd yn olynol oherwydd Covid-19.

Fodd bynnag, diolch i weledigaeth swyddogion yr Eisteddfod a'u hawydd i roi cyfle i bobl gael cystadlu unwaith eto wedi cyfnod o ddwy flynedd, trefnwyd Eisteddfod AmGen ar gyfer Awst 2021. Cyhoeddwyd *Rhestr Testunau AmGen* ar wefan yr Eisteddfod ar 29 Mawrth 2021 – ffrwyth llafur aelodau Pwyllgor Diwylliannol a Phaneli Canolog y Cyngor – gydag un neu ddwy gystadleuaeth newydd ac arbrofol yn cael eu cynnig ynghyd â'r testunau mwy cyfarwydd a thraddodiadol. Gan fod cystadlaethau Gwobr Goffa Daniel Owen a'r Fedal Ryddiaith ar gyfer yr Eisteddfod a oedd i fod i'w chynnal yng Ngheredigion 2020 eisoes wedi'u beirniadu, penderfynwyd eu gwobrwyo eleni yn rhan o weithgareddau Eisteddfod AmGen. Yn ychwanegol at y ddwy gystadleuaeth hon, gosodwyd 29 cystadleuaeth cyfansoddi arall (sydd oddeutu hanner y nifer a osodir yn arferol) ac mae gwaith 236 o gystadleuwyr yn cael sylw rhwng cloriau'r gyfrol eleni o fewn yr adrannau a ganlyn: Barddoniaeth (92), Rhyddiaith (64), Theatr (10), Dysgu'r Gymraeg (53), a Cherddoriaeth (17) – nifer calonogol iawn o ystyried mai prin ddeufis gafodd y cystadleuwyr i greu eu cyfansoddiadau cyn y dyddiad cau ar 1 Mehefin! Fodd bynnag, methodd chwech o'r testunau â denu neb i gystadlu arnynt: un gystadleuaeth yn Adran Theatr, un gystadleuaeth yn Adran Dysgu'r Gymraeg, a phob un o'r pedair cystadleuaeth yn Adran Gwyddoniaeth a Thechnoleg. Gan nad ataliwyd y wobr mewn unrhyw gystadleuaeth eleni, y mae yna 17 cyfansoddiad buddugol i chi gael eu mwynhau a'u gwerthfawrogi yn y gyfrol hon (ynghyd â 33 beirniadaeth).

Os prin ddeufis gafodd y cystadleuwyr i gyflwyno'u cynnyrch, gorfu i'r beirniaid dafoli'r cyfan o fewn ychydig dros dair wythnos, a diolchaf i'r 33 ohonynt am gwblhau eu gwaith mor brydlon fel bod modd cael yr holl ddeunydd yn barod ar gyfer y wasg mewn pryd i sicrhau bod y gyfrol yn gweld golau dydd yn ystod wythnos gyntaf Awst. Fel yn y blynyddoedd a fu, gwerthfawrogaf yn fawr gydweithrediad parod a phroffesiynol staff canolog yr Eisteddfod: Elen Huws Elis (Trefnydd a Phennaeth Artistig), Lois Wynne Jones (Swyddog Gweinyddol: Cystadlaethau), a Gwenllian Carr (Pennaeth Cyfathrebu). Dylan Jones (Cyhoeddiadau Nereus, Y Bala) fu'n gyfrifol am gysodi'r emyn-dôn fuddugol yn ôl ei arfer, ac eleni croesewir cyfraniad Ela Mars yn dylunio'r clawr. Gari Lloyd, y cysodydd yng Ngwasg Gomer, fu'n gyfrifol am lywio'r gyfrol drwy'r wasg yn ei ddull proffesiynol ac effeithiol arferol a diolchaf iddo am y cyfle i ailafael yn y cydweithio dymunol a hapus ag ef unwaith eto eleni.

Wrth gyhoeddi'r *Rhestr Testunau AmGen* ddiwedd Mawrth, rhoddodd Betsan Moses, Prif Weithredwr yr Eisteddfod, lais i deimladau a dyheadau nifer ohonom: 'Mae'r flwyddyn ddiwethaf wedi bod yn gyfnod heriol i bawb ac mae cymaint ohonom ni wedi gweld eisiau'r cyfle i gystadlu ... felly rwy'n gobeithio y bydd y rhestr yma'n llwyddo i ddenu cynulleidfa eang iawn.' Yn yr un modd, hyderaf innau y bydd y gyfrol hon yn denu cynulleidfa yr un mor eang ac y cewch flas unwaith eto ar ailafael yn yr arferiad blynyddol o bori drwy dudalennau'r *Cyfansoddiadau a Beirniadaethau* – gan sawru cynnyrch buddugol Eisteddfod wahanol eleni, mewn cyfnod lle mae pawb ohonom wedi bod yn dyheu am rywbeth arbennig – ac amgen – i'w ddathlu a'i werthfawrogi yn dilyn misoedd o gaethiwed a rhwystredigaeth. Felly, porwch a mwynhewch ... !

W. Gwyn Lewis

Rhybudd: Oherwydd bod llenyddiaeth greadigol, yn ei hanfod, yn ymwneud ag amrywiol brofiadau bywyd, fe all rhai cyfansoddiadau yn y gyfrol hon fod yn ymdrin â phynciau o natur sensitif ac, o ganlyniad, beri gofid i rai darllenwyr.

CYNNWYS

(Nodir rhif y gystadleuaeth yn ôl y *Rhestr Testunau* ar ochr chwith y dudalen)

*   *   *

ADRAN LLENYDDIAETH

BARDDONIAETH

ADRAN THEATR

ADRAN DYSGU'R GYMRAEG

Cyfansoddi

xiii

Adran Llenyddiaeth

BARDDONIAETH

Cadair (AmGen)
Awdl mewn cynghanedd gyflawn,
hyd at 200 o linellau: Deffro

DEFFRO

Saif ar frig unig ei awr gynnar
yn y gwawn, ac enwau o'i gwmpas yn gwmpawd.
Pen Llŷn,
Garn Fadryn, Garn Fôr.

Yn y niwl sy'n ei anwylo
mae'n oer, mor oer ar greigiau'r wawr;
morthwylion ei galon ar gopa Gwylwyr
yn cyflymu, a'r cerrig du yn dal
ei waed a'i anadl yn ei frest yn dynnach.

Y rhedwr,
llamwr i'r lle yn rhith yr eithin.
Un ar erchwyn hanes, yn chwilio am awch eiliad;
un eiliad rhwng y blodau melyn
ar y llwybrau rhwng y creigiau a'u craith.
Yn dolciog ei dalcen, mae rhychau'r oesau'n rhesi
ar y ddaear garreg,
crafiadau ar ei goesau'n goch â gwaed fel diferion gwin.

Yn y bylchau rhwng y cymylau mud
gwêl luniau yn y golau gwan.
Cipolwg o'r copa i waelod
y mynydd a'r dydd yn dod.
Eiliad cyn i'r bad ddod i'r bae
o'r dyfnder. Daw llymder y llun
ato, ac odano, mae dŵr y môr fel angor o lwyd.

Ger wal yr harbwr mae'r dŵr dwfn
yn denu'r môr a'i donnau
ifanc i nofio a neidio'n heidiau.
Lle mae dyddiau llamhidyddion
mor wyn am yr haul,

mae anterth eu chwerthin,
a'r to uniaith ar y twyni'n
yfed o ganiau afiaith.
Yn Gymraeg y mae'r rhegi
a'r hen mewn capeli'n codi cân
tra bod cytiau'r bae
yn yr heli'n trochi eu traed.

Ar un cwt mae *Marine Cottage*
yn uniaith ac yn ei wahanu o'r lleill. Ei furiau lliw
yn llachar, llachar fel llais
diarth mewn sgwrs dawel.
Y cychod ar y dŵr yn cychwyn
ar eu taith draw i'r Tŷ Coch i ymdrochi'n
eu joch o jin,
neu'n ysgwyd dŵr â'u sgwteri.
Gwenyn mawr rhwng egin mwyaren.

Gyferbyn, ar gof harbwr mae gwylanod yn codi
a gwatwar y cwch pysgota
sy'n pydru a rhydu ar hyd
anweddiad y blynyddoedd.
Ar y cei mae'r pentwr cewyll
yn sigo yn yr oriau segur,
a rhwd oer dros angorau dur.

Neithiwr, a'r lle'n brygawthan
twrw, llifai'r cwrw fel cân.
Y gwydrau glân dan loergan Largo
yn unsain a'r dre'n bownsio.
Band bach
yn canu i'r rhai cynnar.
Eu llwncdestun yn dilyn y dydd,
a chyfnos wythnos waith.
Yr ifanc yn crefu am barhad i guriad y geiriau o'r llwyfan,
fel yr holl hafau
a fu yn Nefyn anufudd.
Nodau fel cyhyrau yn y cof
yw'r gwaed hwn sy'n llifo drwy'r gitâr.

Yn y gornel o dan garnedd
Boduan mae wynebau diwyd

o dan drawstiau ac unedau gwaith.
Uchelwyr yn dychwelyd i'w llys a lle
talent a menter;
eneidiau prin sy'n gwneud pres
o'r ymwelwyr a'u miloedd;
yn dynesu at dân y syniad nesaf,
yn ennill aur dan goron Llŷn.
Rhaid iti godi dy gap.

Yno hefyd, mae'r dyn ifanc
ei wyneb, ddaeth yno'n gynnar.
Y milwr, gŵr sy'n gweld
pob peth ac yn adnabod pawb,
yn ail-fyw nofel ei fywyd.
A gwêl eto recriwtio'r criw o blith y bobl hyn:

      'Be wnawn ni, heb joban o waith?'
      'Ein hogiau'n stond yn Affganistán a'r cyrff yn sgerbydau'r ceir
      ar dân wedi ffrwydriad yr IED.'
      'Ces fynd i Kosovo
      i weld dyn ar ei waelod dwfn.
      Mae gen innau luniau o ladd
      yn fy mhen
      ... maen nhw'n fy mhoeni.'

Yr un yw Catraeth pa waeth pa oes.

Ar y mynydd mae'r côr meini'n
cofleidio ei gilydd ac yn cuddio'r
pethau bach cyfrinachol.
Sibrydion mewn acenion cynnil
i'w siôl, ac yn eu ceseiliau
mae'r tai a'u muriau tywyll
yn cynnau golau gwan.
Canhwyllau ar brennau'r bryn
a Thyddyn Gwêr fel seren
yn gof ar y creigiau hyn.
Mae rhywun yn rhywle'n gwenu
ac yn rhoi winc i gynnau'r rhos
yn garlam o fflamau.

Yn y maes mae arian mawr yn hel yn dawel ar dŷ,
a'i wir werth yn hanner hyn. Mae'r pennog yn ennill ceiniogau;
ni all ei deulu brynu'r *Purple Bricks*.
Un tŷ yn nhranc tawel
y dref a'i strydoedd di-raen.

Ddoe ar Y Wern daeth arwydd ar werth
am bris aur – mae Abersoch
yn awr yn dod yn nes.

Yna, daeth dros y creigiau yma gwmwl, yn dywyll o dawel,
a thrymhau'r golau hyd y gwaelod
ym mhyllau calonnau'r wlad.
Y Cau,
a'r erwau caeth
yn fyd dan orfodaeth.
Cigfrain ar y drain yn drwch; y goeden yn llawn mygydau.
Eu crawc yw'r ofn,
sy'n clwydo'n sŵn caledi.

Caewyd y mynyddoedd mewn cewyll,
a chloi'r sêr uwchlaw'r swnt.
Ynyswyd y wawr rhwng nos a dydd
a'i dal ym myd enbyd o limbo.

Yn nhir neb y rhannu hwn
diysgog yw cymdogaeth.
Yn ei chanol mae pobl yn eu pyrth
yn galw ar ei gilydd,
ac ymhél ar gornel y gwynt.
Eu sgwrs goeth,
a rhwydi gwâr eu cyfeillgarwch yn eu dal yn dynn.

Wedi'r hirlwm a fu'n drwm ar draeth,
i'r dre daw rhyw hyder ar daith,
yn araf fel dadmer eira
dan awel fwyn ar lwyn a lawnt.
Mae'r rhew fu ar y muriau oer yn diferu'n lân dan y landar.
A daw agor cymdogaeth.

Yn y nos, o'r niwl,
cododd o waelod y cysgodion,

awel newydd.
Mae'r dirifedi sticeri coch
yn blaen i'w gweled ar bolion golau,
fel plorynnod yn codi;
y ffydd newydd sy'n datgan *Yes*.
Ac ar y strydoedd mae bloedd yn blaen
yn olrhain yr hen normalrwydd.

Yno yn eu haraith, mae 'na faneri
eraill yn herio,
fel fflamau i gynnau'r dreigiau hynny
a fu'n cysgu ac yn ofni eu cysgod.
A chlywant gân newydd i'w chanu,
i waredu anobaith. Mae'n rhaid wynebu
awr o heulwen – mynnu rheoli
eu tynged, rhag i wynt angau
eu chwalu a'u gyrru dros gof,
fel tywod mân ar draeth hanes.

Yn Llŷn hudol mae'r holl eneidiau
am godi eu mygydau.
Lluosi mae eu lleisiau
a mynnant dan y mynydd
hwn eu hawl –
yr hawl i arbed eu cymunedau.

Daw'r rhedwr, y llamwr llyfn
o'r uchelfan i gân y gwynt yn ei glyw, ac arogl gwlith.
O gopa Gwylwyr gan agor ei gam i garlam gwawr
arall yn torri.
Y wawr newydd, gwawr y newid.
Gwadnau ei esgidiau'n sicr ar y sger
yn curo, curo hyd nes cyrraedd y nod; gwaelod y gwir,
ac amgyffred ei dynged ef.
Yn fore ar furiau tyddyn a bwthyn, wyneba haul
newydd ei awydd ef.
Mae golau ar y caerau cudd
yn y rhostir a'r fforestydd,
a'r byd i gyd ar godi.

Gwyliwr

BEIRNIADAETH JIM PARC NEST

Tri fu'n cystadlu.

Teleri Edlund: Efallai nad 'cystadlu' yw'r gair cymwys wrth sôn am un pennill pedair llinell *Teleri Edlund*. Er bod iddo siâp englyn unodl union, ni pherthyn iddo, gwaetha'r modd, na chynghanedd na synnwyr.

Pathew: Dyma ymgeisydd a ymdrwythodd ym mesurau'r gynghanedd. Yn y gerdd hon, cynhwysir enghreifftiau o englyn unodl union, englyn penfyr, englyn milwr, cywydd, cywydd deuair fyrion, hir-a-thoddaid ynghyd â mesur sy'n defnyddio dyfais yr odl fewnol; mae'r cynganeddu bron bob tro, yn gywir, ac ambell dro, yn drawiadol.

Adroddir stori un o greaduriaid bach byd natur yn fanwl, ac i bwrpas, sef tanlinellu'r peryglon i'r byd hwnnw oherwydd y newid hinsawdd. Y neges yw ein hannog i ddeffro ynom yr awydd i wrthsefyll peryglon y newid.

Mae'r naratif yn cynnwys ymwneud pathewod â chreaduriaid eraill megis gwiwerod, tylluanod, dyfrgwn a draenogod. Egyr yn addawol drwy gyfeirio at y pathew (neu'r 'bathewes' gan ei bod hi'n beichiogi erbyn diwedd yr awdl) fel 'un o hil Llwyd fab Cil Coed', sef cymeriad yn Nhrydedd Gainc y Mabinogi a gymer agwedd llygoden yn y chwedl. Ond mae'n siomedig na wneir mwy o hyn yn yr awdl; byddai ei haddurno â nodweddion chwedlonol yn ei chyfoethogi ac yn rhoi iddi'r awch ddychmygus sydd ar goll ynddi hi.

Ceir defnydd o hiwmor effeithiol, a rydd ysgafnder delfrydol y cyfarwydd traddodiadol ar ei orau, fel gwrthgyferbyniad i'r neges gyfoes, dywyll am y peryglon i fyd natur. Un o hoff ddanteithion y bathewes hon yw Caws Cenarth! Caniateir iddi ymffrostio yn y gallu i guro'r wiwer mewn campau acrobatig, ac mae wrth ei bodd yng nghwmni'r dyfrgwn. Dyma awgrym cynnil bod parchu cynefinoedd y wiwer a'r dyfrgi yn y gwyllt yn rhan bwysig o gadwraeth yr amgylchfyd. Ar y llaw arall, mae'r bathewes yn ddigon parod i wrando ar ddoethineb y dylluan am ysbaid, cyn i'w drygioni diniwed ei themtio i chwarae â'r dyfrgwn. Daw'r tro chwareus i ben pan glyw rybuddion difrifol y draenogod.

Mae'r cynganeddu yn aml yn cyfleu'r stori yn hyfryd o esmwyth. Dyma enghraifft o englyn braf ei gynildeb:

Heb wely, gwasgaf yn belen – fechan,
Rhof foch o dan ddeilen
A chlustog mwsog i 'mhen
Dan y lleuad yn llawen.

Ond mae'r safon gyffredinol yn anwastad yn rhy aml. Mewn englyn arall ceir cyffredinedd ymadroddi siomedig, megis sôn am '... glustiau *mawr* a llygaid/ Sy'n *lliwgar* ac *enfawr*,/ A chynffon *anferth* ... '; ac mae'r gwaith yn frith o ystrydebau a hen drawiadau, megis 'twnnel du', 'maeth amheuthun', 'hir wae y dyddiau du', 'hunllef ddychrynllyd' a 'gwên ddireidus'.

Egyr yr awdl ag englyn, un da, ac eithrio'r llinell glo: 'Daw in fod rhaid dihuno.' Mae'n rhyfedd i'r bardd fodloni ar linell wanned ac anghywired â hon; ac yn rhyfeddach fyth, ei hailadrodd fel llinell glo i'r awdl. Dengys hyn ddiffyg yr hunanfeirniadaeth y dylai'r bardd ddysgu ei meithrin yn fanylach. Heblaw am y camacennu amlwg, cwyd y llinell hefyd gwestiwn ynglŷn â chaledu'r ddwy 'd' yn 't'. Yn bersonol, buaswn yn barod i dderbyn y goddefiad o beidio â chaledu, petai'r bardd yn gwneud hynny'n gyson drwy'r awdl. Ond nid felly y gwnaeth; sylwer, er enghraifft, ar y caledu yn y llinell 'Ar hyd dôl a gweundir teg' ac yn y cymal 'rhaid dwys/ Baratoi ...'.

Rhaid i mi gyfaddef fod awdl *Pathew* yn benbleth i mi. Mae'n amlwg fod gan y bardd wybodaeth arbenigol o'r cynganeddion ac y mae cywirdeb ei ddefnydd ohonynt yn gymeradwy. Gŵyr hefyd werth trosiad mewn stori a sut i amrywio awyrgylch y dweud yn null yr hen gyfarwyddiaid. Ond nid esgorodd y cynhysgaethau hyn ar waith creadigol cofiadwy y tro hwn. Credaf y dylai *Pathew* ailystyried un agwedd o dasg cynganeddu. Ni ddylid bodloni ar dderbyn y gair cyntaf ddaw i'r meddwl wrth chwilio am gyfatebiaeth neu odl. Mae un sylw arall y dylwn ei ychwanegu'n garedig: nid yw'r gynghanedd, ar ei gorau, yn grefft rwydd; y gamp yw llwyddo iddi *ymddangos* yn rhwydd.

Gwyliwr: Mae'r gerdd wedi ei chanu yn y wers rydd gynganeddol. Ac eithrio un gwendid y dof ato yn y man, mae'r defnydd o'r mesur yn gymeradwy, ac yn aml, yn gofiadwy. Egyr gyda rhedwr 'ar erchwyn hanes, yn chwilio am awch eiliad.' Cyrhaeddodd y rhedwr gopa Gwylwyr, un o fynyddoedd Pen Llŷn, ac fe saif yno i syllu ar y wawr. Erbyn diwedd y gerdd, y mae'r un rhedwr yn canfod gwawr arall, y wawr ffigurol sy'n dynodi deffroad diweddar cenedlgarwch y Cymry. Rhwng y ddwy wawr ceir cyfres o nosau gormesol.

I ddechrau, awgrymir yn gynnil i ymdrech y rhedwr gostio'n ddrud iddo: 'crafiadau ar ei goesau'n goch â gwaed fel diferion gwin.' A dyma ddod at yr unig wendid yn y gwaith, sef y gorhoffedd o glystyru un math o gynghanedd. Yn rhan agoriadol y gerdd ceir cyfres hir o linellau sydd bron yn ddi-dor yn gynganeddion sain (16 llinell allan o 24). Ac fe geir clwstwr dwysach yng nghlo'r gerdd (12 llinell o 14). Yng ngherdd *Pathew* defnyddir y gwahanol fesurau yn bwrpasol i greu amrywiaeth yn nhempo a naws y stori. Mantais y wers rydd gynganeddol yw ei bod hi'n medru cynnig yr amrywiaeth hwnnw ar amrantiad o frawddeg i frawddeg ac weithiau o gymal i gymal o fewn un frawddeg. Mae'r wers rydd gynganeddol yn agored i gynnig yr amrywiaeth rhythmig nas ceir, er enghraifft, o fewn cyfyngiadau mesur y cywydd. I raddau, collir y cyfle hwnnw yn agoriad ynghyd â chlo cerdd *Gwyliwr*.

Ond dyna ddigon o bregethu. Y mae i arddull y gerdd, yn aml, gryfderau. Sylwer ar grefft y darn hwn, sy'n sôn am effaith andwyol mewnfudo mewn ardaloedd megis Pen Llŷn:

> Ar un cwt mae *Marine Cottage*
> yn uniaith ac yn ei wahanu o'r lleill. Ei furiau lliw
> yn llachar, llachar fel llais
> diarth mewn sgwrs dawel.

O'i gymharu â phrysurdeb y mewnfudo, cyfeirir at segurdod y cwch pysgota a gwacter y cewyll. Mae'r segurdod yn esgor ar dristwch gorfodi bechgyn i ymuno â'r fyddin. Yn y cyswllt hwn, sylwer ar linell effeithiol, ysgytwol yn ei symlrwydd: 'Be wnawn ni, heb joban o waith?'

Ar ben y cyfan daw cyfnod y clo oherwydd y feirws. Ac mae'r pennill hwn yn ei ddarlunio'n rymus (gan gofio'r cyfeiriadau cynharach at segurdod y cewyll a'r profiad o syllu ar ryfeddod y wawr yn torri):

> Caewyd y mynyddoedd mewn cewyll,
> a chloi'r sêr uwchlaw'r swnt.
> Ynyswyd y wawr rhwng nos a dydd
> a'i dal ym myd enbyd o limbo.

Mae'r gerdd yn cloi wrth geisio cyfleu uchafbwynt gobaith yn yr adfywiad cenedlaethol. Hwyrach yr haedda'r gerdd gref hon glo cryfach, gan osgoi, wrth gwrs, glystyru'r cynganeddion sain. Ond fe'n calonogir yn ddychmygus gan obaith cynhyrfus y rhedwr yn cychwyn

O gopa Gwylwyr gan agor ei gam i garlam gwawr
arall yn torri ...
Gwadnau ei esgidiau'n sicr ar y sger
yn curo, curo hyd nes cyrraedd y nod; gwaelod y gwir,
ac amgyffred ei dynged ef.

Cytunaf â'm cyd-feirniaid y teilynga *Gwyliwr* ennill Cadair Eisteddfod AmGen 2021.

BEIRNIADAETH GUTO DAFYDD

Hedfan ar wyliau; gweithio mewn swyddfa; ciwio wrth far. Addoli mewn capel; coffi yn y cnawd; gwrando'n astud ar berfformiad byw. Gwnaeth cyfyngiadau Covid-19 i ni feddwl eto am ddefnyddioldeb a dymunoldeb sawl peth a ystyrid cyn hynny'n hanfodol. Mewn ambell achos, roedd colli'r arfer yn felltith na allem aros am y rhyddid i'w gwyrdroi. Mewn achosion eraill, er na ddywedem hynny ar goedd bob tro, gwnaeth yr aflwydd gymwynas â ni drwy gyflymu tranc arfer hirsefydledig a oedd wedi hen golli'i werth a'i wefr.

Beth wnawn ni, felly, â'r awdl eisteddfodol? A hithau'n ymarferiad cystadleuol yn hytrach nag yn gyfrwng greddfol, a all ysgogi barddoniaeth sy'n gwefreiddio wrth i fardd fynegi'r gwirioneddau sy'n gwibio drwy'i chalon a'i phen? A hithau'n ffurf hynafol, a all ymadnewyddu, gan ddefnyddio crefft i gyffroi – cynnig ffresni, arloesedd a gwreiddioldeb yn y defnydd o'r gynghanedd a mesur? A hithau'n brawf ar brifeirdd yn hytrach nag yn rhywbeth y mae ar neb, mewn difri, awydd naturiol i'w sgwennu heb sôn am ei darllen, a all fod yn llwyfan i drafodaeth am y dyfodol sy'n deor yn sgil y coronafeirws?

Yn gymunedol, yn economaidd, o ran hil, yn ecolegol, ym meysydd rhyw, rhywedd a rhywioldeb, yn wleidyddol, ac mewn myrdd o ffyrdd eraill, ni fydd y byd byth yr un fath. Mae arnom angen beirdd sy'n dychmygu, yn darogan ac yn dychanu'r datblygiadau hyn – eu harswyd, eu harddwch a'u haddewid. A all yr awdl eisteddfodol fod yn gerbyd i hynny, ynteu ai gwell ei gadael yn iard sgrap y cyfnod cyn Covid-19?

Dyna'r cwestiwn oedd ar fy meddwl wrth agor yr amlen – nage, yr e-bost – a ddaeth o swyddfa'r Eisteddfod. Efallai mai gobeithio gormod oedd tybio y gallai'r gystadleuaeth hon helpu i ateb y cwestiwn, oherwydd cwta ddeufis oedd gan y beirdd i greu'r awdlau, nid y naw mis arferol, a hynny yng nghrombil cyfnod a fu'n amddifad o nifer o'r sbardunau arferol i farddoni. Tair awdl a ddaeth o'r pecyn – nage, y ffolder sip. Fe'u trafodir yn y drefn y'u rhestrwyd gan swyddfa'r Eisteddfod oherwydd, drwy gyd-ddigwyddiad, dyna drefn eu teilyngdod.

Teleri Edlund: Fe'm hystyriaf fy hun yn dipyn o seicolegydd cadair freichiau. Hoffai geisio deall pam y mae pobl yn ymddwyn fel y gwnânt – dadansoddi'r greddfau, y gemau a'r holl gymhelliant sy'n creu gweithredoedd fy nghyddddyn. Ond ni allaf yn fy myw amgyffred y prosesau meddwl a arweiniodd

Teleri Edlund i gyflwyno'r pill hwn i gystadleuaeth y Gadair. Mae'n ddigynghanedd, yn llurgunio mesur yr englyn, ac yn gyfan gwbl ddiystyr a diawen hyd y gwelaf i.

A ddisgwyliai y byddai'r beirniaid yn cael eu hysgwyd i'r fath raddau gan rywbeth yn y gwaith nes y byddem yn diystyru gofynion y gystadleuaeth ac yn dyfarnu'r Gadair, a'r holl anrhydedd a berthyn iddi, i'r lobsgows hwn o 21 gair? Rhyfedd y'n gwnaed. Dyma'r ymgais ar ei hyd:

> Tlws sŵn y delyn sylwir – a chlyw
> Duw, syndod sŵn y byddid.
> Cwsg yw cysgod cynyddir.
> Deffro yw Duw, ffordd rhyddid.

Pathew: Nid yw'r ffugenw'n gamarweiniol – canwyd yr awdl hon yn llais anifail blewog, prysur a direidus. Fe'i geilw'i hun yn 'Un o hil Llwyd fab Cil Coed', sef y llygoden honno sy'n llowcio cnydau Manawydan yn Nhrydedd Gainc y Mabinogi, ac mae strwythur yr awdl yn f'atgoffa o chwedl Culhwch ac Olwen. Wrth i'r pathew chwarae a bwyta'i ffordd drwy'r meysydd, daw ar draws cyfres o anifeiliaid sy'n ei rybuddio am gyflwr yr amgylchedd.

Dyma fardd sy'n ei medru hi, a chanddo grap da ar y gynghanedd a'r mesurau, er bod rhannau, gan gynnwys y dudalen gyntaf, braidd yn afrwydd a heglog. Ar ôl twymo, weithiau gall ddefnyddio rhwyddineb soniarus ei grefft i gyfleu bywiogrwydd natur: ar ei gorau, ymdebyga'r awdl i anturiaethau *Watership Down* neu gampau Guto Gwningen.

Dyna'r darn hwn o gywydd deuair fyrion – sy'n enghraifft o barodrwydd *Pathew* i ddefnyddio mesurau heblaw'r rhai mwyaf cyfarwydd, yn ogystal â'i allu i ganu'n fyw a sionc:

> Ein camp yw cael
> Orig ddigri'n
> Holl hwyl y lli'.
> Af a deifio'n
> Gam, rhoi llam llon
> I nef afon
> A dawns y don.

Y piti gyda *Pathew* yw na chredodd yn ddigon cryf yn ei syniad nes ymdrechu i wireddu'r addewid. Gwelir ôl y diogi hwnnw mewn dau wendid marwol.

Y cyntaf yw dryswch cenadwri. Gallai *Pathew* fod wedi defnyddio cynodiadau chwedlonol sawl anifail i ychwanegu haen arall o ystyr i'w awdl. Ond ni cheir unrhyw ymdrech i odro arwyddocâd o gymeriadau'r dylluan a'r draenog, na chysylltu'r hyn sydd ganddynt i'w ddweud â'u lle yn seici dynoliaeth, ac ni phriodolir y trydydd rhybudd i unrhyw greadur penodol. Gallai'r strwythur o ymddiddan ag anifeiliaid gynnig dull da o sylwebu'n graff ar effaith dyn ar natur, ond treuliedig yw'r rhybuddion – tipyn yn llai effeithiol na rhaglenni dogfen diweddar David Attenborough yw'r cwyno am y 'glaw asid/ Yn landio ar ein glendid', 'y plastig', a 'nwy/ Fflamadwy'n fwyfwy yn ein ffurfafen'. Ni fanteisir ar botensial alegorïaidd y syniad, ac nid oes datblygiad storïol sy'n darlunio'r gyflafan amgylcheddol mewn modd sy'n argyhoeddi.

Yr ail wendid yw trwsglder cynganeddol. Am bob adran sionc a heini sy'n canu, mae o leiaf ddwy ble mae'r gynghanedd a'r mesur wedi bod yn drech na'r hyn yr hoffai *Pathew* fod wedi ei ddweud. Nodweddiadol o hynny yw englyn cynta'r awdl, a adleisir ar y diwedd, gyda'r llinell olaf honno sy'n gyfuniad o ymadrodd Saesneg a geiryn hen ffasiwn, ac sy'n herciog ei mydr:

> Weithiau, er ein gobeithio – a'r hyder
> Y rhed rhywrai eto
> A'u bryd ar achub ein bro,
> Daw in fod rhaid dihuno.

Gwyliwr: Dyma ni'n dringo i dir uchel, ym mhob ystyr. Dengys *Gwyliwr* ei ragoriaeth o'r dechrau, gyda'i wers rydd gynganeddol rwydd yn consurio golygfa drôn sinematig, iasol o redwr yn y niwl, a 'morthwylion ei galon ar gopa Gwylwyr/ yn cyflymu'. Nid am ymarfer corff yn unig yr esgynnodd y rhedwr i'r mynydd penodol hwnnw uwchlaw Nefyn yn Llŷn. Mae enw a lleoliad y mynydd yn arwyddocaol, a'r rhedwr yn 'un ar erchwyn hanes, yn chwilio am awch eiliad'.

O'r mynydd, caiff *Gwyliwr* gyfres o weledigaethau 'yn y bylchau rhwng y cymylau mud'. Gorfoleddus yw rhai o'r gweledigaethau hynny – dyna'r traeth 'lle mae dyddiau llamhidyddion/ mor wyn am yr haul', tonnau'r môr yn neidio, a'r 'to uniaith ar y twyni'n/ yfed o ganiau afiaith'. Gwêl gymdeithas gref, gytbwys, gyda'r 'hen mewn capeli'n codi cân' yn cyferbynnu'n iach â'r gìg – 'y gwydrau glân dan loergan Largo/ yn unsain a'r dre'n bownsio'.

Ond, wrth gwrs, mae yma gyferbyniadau gofidus hefyd: darluniau o dranc diwydiant, gyda chwch yn 'pydru a rhydu' a'r 'pentwr cewyll/ yn sigo'n yr oriau segur'. Darluniau o newid cymdeithasol: 'Ar un cwt mae *Marine Cottage*/ yn uniaith.' Gyda deheurwydd nodweddiadol, cyfuna ddelweddau hynafol a newydd: 'Cigfrain ar y drain yn drwch; y goeden yn llawn mygydau.'

Mae i'r awdl ei gwendidau. Mae yma linellau sobor o ryddieithol pan fo'r bardd yn mentro oddi wrth y metaffor i stroclyd geisio cynnwys cyfeiriadau talismanig – 'ni all ei deulu brynu'r *Purple Bricks*' dywed mewn un lle. Nid yw pob gweledigaeth yn gweithio cystal â'i gilydd (ar y darlleniad cyntaf, er enghraifft, teimlwn na weithiwyd y portread o'r milwr, 'gŵr sy'n gweld/ pob peth ac yn adnabod pawb', i mewn yn iawn), ac nid yw adeiladwaith yr awdl yn argyhoeddi'n llwyr. Mae hynny'n rhannol am fod un o'r delweddau sy'n rhoi gobaith i *Gwyliwr* tua'r diwedd wedi ei mynegi mor sâl:

> Mae'r dirifedi sticeri coch
> yn blaen i'w gweled ar bolion golau,
> fel plorynnod yn codi;
> y ffydd newydd sy'n datgan *Yes.*

Dyfynnais ddigon eisoes i ddangos bod *Gwyliwr* yn medru creu ymadrodd bachog a chonsurio delwedd deimladwy o dir, o dai ac o bethau pob dydd. Er bod gan un o'm cyd-feirniaid bryderon am orddefnydd *Gwyliwr* o'r gynghanedd sain, yn fy marn i mae'r gynghanedd honno'n galluogi *Gwyliwr* i ymestyn a gwasgu'i frawddegau fel cyflaith, ac rwy'n gweld digon o amrywiaeth yn y cynganeddu, beth bynnag. Ond rhaid cydnabod nad *Gwyliwr* yw cynganeddwr gorau'r byd – profodd amynedd y purydd cynganeddol ynof sawl tro, ac o bryd i'w gilydd mae'r gynghanedd yn llestair i'r llais, gydag ambell ddarn yn troi'n waffl wrth i'r ystyr ganlyn y trawiadau.

Ar ôl tafoli'r tri ymgeisydd, un cwestiwn sydd i'w ateb, mewn difri: a yw *Gwyliwr* yn deilwng o Gadair yr Eisteddfod Genedlaethol? Er gwaetha'r amgylchiadau, mae i Gadair 2021 yr un statws â chadeiriau'r gorffennol. Nid ar chwarae bach y mae gwobrwyo *Gwyliwr*, felly, ac ar ei salaf mae'n syrthio'n brin o'r safon – ond beth am y cyfanwaith? Wrth ystyried teilyngdod, i mi mae'n bwysicach meddwl am y dyfodol na'r gorffennol – ystyried sut effaith a gaiff cadeirio awdl ar iechyd y gystadleuaeth yn y blynyddoedd sydd i ddod.

Felly, wrth geisio ateb y cwestiwn terfynol, dyma fi'n dychwelyd at yr un cychwynnol. Beth all awdl *Gwyliwr* ei ddweud wrthyf ynghylch y rhagolygon ar gyfer yr awdl eisteddfodol i'r dyfodol? Fy nghasgliad yw y gall awdl *Gwyliwr*, er ei hamherffeithrwydd, fod yn gychwyn ar gyfnod ble mae'r awdl yn dangos ei gwerth o'r newydd. Pam hynny?

Dangosodd *Gwyliwr* y gellir canu awdl sy'n gwefreiddio – mae'n glir fod calon *Gwyliwr* yn ei genadwri, ond ar y cyfan llwyddodd i atal y farddoniaeth rhag troi'n bregeth. Datgelodd pob darlleniad o'r awdl gyffyrddiadau clyfar a sensitif na sylwais arnynt cyn hynny.

Gall fynd i'r afael â materion o bwys i Gymru a'r byd wrth i'r 'wawr newydd, gwawr y newid' dorri. Anodd curo hwn am ddatganiad o obaith sy'n defnyddio delwedd orfoleddus o gyfoes: 'Yn Llŷn hudol mae'r holl eneidiau/ am godi eu mygydau.' Profa *Gwyliwr* yn yr awdl hon y gellir trafod pynciau mawr a heriau'r normal newydd mewn ffordd sy'n cyffwrdd â'r darllenydd.

Er y gwendidau cynganeddol, gallwn weld yn yr awdl hon ddatblygiad yn y defnydd o'r gynghanedd. Oes, mae brychau, ond ar y cyfan dyma fardd sy'n defnyddio cerdd dafod i bwrpas ac yn saff o'i bethau – mae 'gwadnau ei esgidiau'n sicr ar y sger' a'i ddefnydd heini o'r wers rydd gynganeddol yn cynnig llwybr posib i'r dyfodol.

Ar y sail hwnnw, mae *Gwyliwr* yn haeddu Cadair (AmGen) 2021 – a hir oes i'r awdl.

BEIRNIADAETH CARYL BRYN

Yr awdl eisteddfodol – canolbwynt cadeiriol, gorseddol yr Eisteddfod Genedlaethol draddodiadol gyda grym nodau 'Ymadawiad y Brenin' ar yr organ yn crynu seiliau tir a fu'n garped coch i gewri o brifeirdd a ddaeth i'r brig yn y gystadleuaeth hon. Ond Eisteddfod ôl-bandemig sydd wedi tyfu 'e-' cyn enw'i holl gystadlaethau yw'r Eisteddfod hon a'i charped coch yn filiynau o bicseli bach – ond y Gadair a'i gofynion yr un mor gadarn.

I fardd ifanc digadair fel fi, ni fyddwn yn dychmygu cystadlu am y Gadair genedlaethol oni bai fod gennyf flwyddyn i'w sbario. Nid cyfyngu'r sawl a ddymuna gystadlu am y Gadair y flwyddyn hon wrth roi dim ond deufis iddynt, yn hytrach na'r naw mis arferol, a wna'r e-gystadleuaeth hon ond galw ar egin feirdd â chrefft y gynghanedd yn eu poced gefn i grisialu'u hoes nhw – eu profiadau yn eu byd newydd – i gyflwyno awdl a all siapio'r gystadleuaeth hon i ffitio'r byd ôl-goronafeirws.

Daeth tair awdl i'n rhan ac fe'u trafodir yn y drefn y'u rhestrwyd gan swyddfa'r Eisteddfod gan mai dyna hefyd drefn eu teilyngdod.

Teleri Edlund: Daeth 21 gair digynghanedd – sydd yn sarhau mesur yr englyn ac yn gwawdio'r gystadleuaeth – gan *Teleri Edlund* a'r geiriau hynny fel a ganlyn:

> Tlws sŵn y delyn sylwir – a chlyw
> Duw, syndod sŵn y byddid.
> Cwsg yw cysgod cynyddir.
> Deffro yw Duw, ffordd rhyddid.

Nid oes lle i ymgais *Teleri Edlund* yn y gystadleuaeth hon ac ni threuliaf eiliad yn rhagor yn ei thrafod.

Pathew: Dyma awdl sydd yn creu darlun chwareus a sionc o naratif ffres ac annwyl dros ben. Cana'r bardd yn llais un o lygod bach y Mabinogi – daw'r llygoden ar draws amryw o anifeiliaid sydd yn pryderu ynghylch cyflwr yr amgylchedd. Bu i Guto Dafydd daro'r hoelen ar ei phen wrth ddweud ei bod yn ei atgoffa o chwedl Culhwch ac Olwen – o'r eiliad honno daeth taith y llygoden fach yn ddarlun mawr.

Dyma awdl gan fardd sydd yn sicr o'r gynghanedd a'r mesurau, gan ddefnyddio'r mesurau o'i blaid yn hytrach na'u bod yn ei gaethiwo. Ei ddefnydd o gywydd deuair fyrion i droi naratif yn ddarlun yw cryfder y bardd yn yr awdl hon – yn enwedig mewn llinellau megis:

17

Esgus pysgod
Â'u nerth yw'n nod
Am y chwimaf
Â brys yn braf
Islaw'r slywen
Bowld. Tîn-dros-ben
Wnaf a throi'n ôl.

Gellir clywed yr afon yn llifo wrth i'r geiriau oferu a chawn ddilyn y daith o ddechrau'r awdl i'w diwedd, ond wrth i'r llygoden fach ildio i sgwrsio â'r anifeiliaid nid oes unrhyw arwydd o aeddfedu o ran cynghanedd. Nid oes fflam athronyddol yn llais y bardd yn y mannau lle mae'n myfyrio, er enghraifft: 'yn landio ar ein glendid' a 'fwyfwy yn ein ffurfafen'.

Ceir naratif yn llais y llygoden sydd yn llais plentynnaidd ac annwyl – ond nid oes angen i'r gynghanedd fod yn blentynnaidd er mwyn cyfleu hyn.

Mae'r bardd yn defnyddio'r llinell gynganeddol, 'Daw in fod rhaid dihuno', i agor a chloi'i awdl a honno ymhlith y cynganeddion gwaelaf yn ei awdl – yn how-gyfieithiad o ymadrodd Saesneg ac yn hen ffasiwn o'i chymharu â sioncrwydd ffres y rhan helaethaf o'i awdl.

Gwyliwr: Naratif darluniadol cadarn sydd yn siapio'r awdl hon i ffitio'r unfed ganrif ar hugain – gesyd y bardd hwn safon uchel o ran cynghanedd a naratif o'r cychwyn cyntaf. Cawn daith y mae modd ei gweld o'r tu allan ac o bersbectif y bardd a phrofiadau Dyn yn plethu'u hunain yn dwt ymysg y daith.

Ceir golwg *bird's-eye* o daith y rhedwr i gopa mynydd yn Llŷn – ceir y diriaethol a'r haniaethol law yn llaw yn aml wrth i'r bardd gydnabod hanes y man y saif arno ac yna chwa o awyr iach, yn aml ar gynghanedd sain, wrth iddo gynnig yr haniaethol. Yr enghraifft gryfaf o hynny, sydd yn crisialu'r awdl hon, yw 'Un ar erchwyn hanes, yn chwilio am awch eiliad.'

Mae'n amlwg fod *Gwyliwr* yn gynganeddwr cryf a'i gryfder yw creu darlun o dir ac ychwanegu haen haniaethol a dirdynnol yn siwgwr eisin ar ben y darlun. Ond mae mannau yn yr awdl lle cefais y teimlad fod y bardd yn awyddus i ddangos ei allu cynganeddol – a'r cynganeddion hynny'n ddiarth i'r darlun cyflawn y mae'r bardd yn ceisio'i bortreadu:

'Ein hogiau'n stond yn Affganistán a'r cyrff yn sgerbydau'r ceir
ar dân wedi ffrwydriad yr IED.'
'Ces fynd i Kosovo
i weld dyn ar ei waelod dwfn ...'

Mae'r cynganeddion hyn fel petaent wedi cael eu nodi mewn hen lyfr
nodiadau a bod y bardd wedi mynnu eu bod yn cael eu lle yn yr awdl. Mae'r
cynganeddion syml braf yn gweithio'n llawer gwell na'r rhai caled hyn –
mae'n gwneud i mi golli fy ffordd a methu'n glir â dod yn ôl ar y daith efo
Gwyliwr.

Ar y cyfan, mae gan *Gwyliwr* y gallu i ddefnyddio'r gynghanedd ar ei delerau
ei hun a rhedeg gyda nhw a chreu darlun sydd yn cynnig cipolwg o'i oes
a'i fyd – ac am eiliad, fel darllenydd a beirniad, cefais fod yn rhan o'r byd
hwnnw a theimlo'r naratif trwy rym y geiriau.

Nid oedd gwaith trafod ynghylch pwy fyddai'n dod i'r brig yn y gystadleuaeth
hon – roedd yn amlwg o'r eiliad y derbyniasom y tair awdl mai *Gwyliwr*
fyddai'n derbyn y Gadair – ond y cwestiwn oedd: a oedd y bardd hwn yn
deilwng o ennill cadair genedlaethol?

Roeddwn yn chwilio am fardd a allai gyflwyno awdl a all siapio'r
gystadleuaeth hon i ffitio'r byd ôl-goronafeirws – awdl a oedd yn gwneud i
mi *deimlo* yn hytrach na *darllen.* Ysgrifennwyd yr awdl hon mewn mater o
ddeufis a hynny mewn cyfnod lle mae'r byd – y byd a arferai fod – wedi dod
i ben. Mae'r bardd wedi cynnig hanes bach un unigolyn yn ddarlun mawr y
gall sawl un sydd yn gysgod craith yn yr un oes ag o berthnasu â hi – a beth
yw gwaith bardd ond hynny?

Ar sail hynny, tybiaf bod *Gwyliwr* yn llwyr haeddu Cadair AmGen 2021.

Coron (AmGen)
Casgliad o gerddi heb fod mewn cynghanedd,
hyd at 200 o linellau: Ar wahân

....

AR WAHÂN

y chwerwder sydd ym mhob cyfeillgarwch

Does dim cynildeb heno,
mae gwaed a gweflau
yn barod i daro, tafodau llac yn
bygwth strancio,

y sgwrs yn swagro'n flêr
a naws anniddig haf
heb ei fynegi'n iawn
yn tarfu lleferydd.

Haf sarrug
sy'n cwato tu ôl i gwmwl
a gadael golau brau;
rhyw lewyrch gwan rhwng ffrindiau.

y dymuniad i ddianc a methu

Camais drwy'r gwlithlaw
yng ngwyll y machlud
gyda 'nghwfl wedi codi,
fy nwylo'n dynn ym mhocedi cot
nad oedd yn dal dŵr
a 'mryd ar ddianc i rywle

i deimlo cyffro'r dieithr.

Es i ddim ymhell,
dim ond at sgaffaldiau pren
yr hen siop gornel

a losgwyd am arian 'swiriant
a sefyll yno am sbel –
y lludw'n un talp tamp
ac yn magu'r mwg o hyd.

Ro'n i'n arfer prynu pop
o'r lle i waredu unigrwydd
nosweithiau Mercher,
a dw i'n cofio meddwl bryd hynny
nad oedd yr haul byth yn cyrraedd
y llecyn hwn
dros dopiau'r toeon.

y dyhead i berchnogi dy amgylchfyd

Hoffwn fesur amser fesul tunnell metrig o lyfeiriant Taf;
canfod degawd yn y dŵr,
ei rewi'n gorn a'i siapio
ar ddelw fy nychymyg.

Creu cerflun o fy nyddiau yn y ddinas hon,
ei gyffwrdd yn oer ar fy llaw,
a'i osod i sefyll am noson
(o leiaf).

Wedi'r cyfan, nid yw dŵr Caerdydd yn eiddo i neb;
fe'i yfwyd ac fe'i pisiwyd gan sawl corff
cyn rhedeg dan bont Stryd y Castell.

Ond fe wn na fuasai'r holl ddiferion hynny'n
ddigon i olchi staen y lle hwn, na'i arogl,
o waelodion trwch fy ngwallt.

y gwirionedd syml a brawychus

Ystyria'r wiwer yn Bute Park
yn hel ei chnau;
does ganddi ddim amgyffred

fod ei chartref yn ddelfryd
a ddychmygwyd ddwy ganrif a hanner yn ôl
gan gyfoeth a chwaeth un dyn.

Mae'n hel ei chnau.

y pryder dirfodol sy'n unigryw i Gymro

Nid yw strydoedd Pontcanna yn cynnig cysur i mi.
Maent yn estron a chyfarwydd,
llawn palmentydd glân a diffyg gwên
rhyw hanner cydnabod sy'n croesi'r lôn,
neu ddieithryn nad yw'n codi'i ben o'i ffôn.

Nid yw'n gartref i mi,
ni welaf ddim yno ond cyfoeth a chof chwithig
nad ydw i'n ei rannu,
fel bod yn gaeth ym mreuddwyd Cymro arall;
sefydliadol ei ffordd, cyfforddus,
ar brydiau'n rhy hyderus, a na
nid yw'n iach i mi.
Dw i wedi gweld a nabod arian ers tro
ond dw i ddim am nabod Pontcanna.

yr angen i symud ymlaen

Daeth eira i Gaerdydd heddiw,
y gwynt yn cario cryndod o'r gogledd tuag atom
a gollwng ei faich.

Syrthiodd y plu heb awch
gan ddadmer wrth lanio,
a gwrthod glynu at darmac
oedd heb iaith am dywydd fel hyn.

Nid yw dŵr yn delwi, cofia.
Mae o hyd yn ceisio canfod llwybr
mas at y môr.

y pethau hudol sydd ar hyd lle

Mae angylion yn byw dros Clare Street.

Allwn i daeru i mi eu gweld
un noson wrth gerdded am adref
ar dopiau rhai o'r tai gerllaw,
yn rhannu straeon cynhaeaf a serch
yng nghanol mwg sigaréts a glaw mis Awst,
eu sgwyddau'n cyffwrdd wrth swatio gyda'i gilydd,
a llewyrch nefol yn codi oddi arnynt
tua'r awyr.

y dyhead i ddeall dy amgylchfyd

Pe bai gen i'r ewyllys a'r weledigaeth
mae'n siŵr y baswn i'n hawlio caib
a'i gollwng a'i gyrru i gracio'r palmant
yng nghanol Caerdydd, er mwyn suddo
fy nwylo i mewn oddi tan ei chragen a brolio
fy mod i'n adnabod y lle hwn o'r diwedd.

Dw i wedi sefyll lawer gwaith
ar Heol y Frenhines yn ceisio
dirnad llif y dŵr o dan fy nhraed,
ac eistedd ger afon Taf
yn syllu ar yr adar ar y lan
yn cecru dros fanion byw.

y peth sy'n aros amdanom ni i gyd

Pan fydd yr arian wedi mynd
ac amser wedi gafael yng ngweddill y byd,

pan fydd enwau creu ein hieithoedd
wedi darfod a'r lli'n teyrnasu dros adfeilion,

pan fydd y dŵr wedi dychwelyd i'r bae
ac wedi hawlio'r hyn sy'n eiddo iddo,

pan fydd y môr yn y gegin a'r afon
yn y siop tships a dim sôn
am gyfalaf na gwladwriaeth
ar y tiroedd, efallai wedyn
gawn ni ddechrau eto ac adeiladu'r lle hwn
yn iawn.

y saib

Yn ystod ein horiau ni,
pan gawn ni dynnu'r llestri
gorau o'r cwpwrdd
ac ymroi at ddefodau bwyd,
wynebu ein gilydd
heb rwystr,
pan gawn ni ddiosg
ystyr dinas mewn prynhawn
a datrys aelwyd
o ddwy ystafell;

yn yr oriau hynny y mae byw.

y sylweddoliad

'Dyw e ddim mwy na'r cysur
o grwydro tua'r Marl ar hyd yr afon
wedi'r misoedd tywyll
a gweld cymuned yn mynd rhagddi.

Plantos yn sbrwlian,
llanciau hy a merched yn eu herio,
rhyw foi'n loncian heibio.

Y cadw seiat, y pêl-droed, y prams.
Crwt yn dysgu sut i feicio gyda'i dad,
y ddau'n gwenu.

Peth pobl yw dinas.

y diwedd

Dyma ddinas ein greddfau,
a ddaeth drwy esgeulustod
i fod y tu hwnt i'n gafael bob tro.
Dinas sy'n estyn o hyd
at bethau mwy crand na thraed ar goncrit,
a'r chwyn sy'n tyfu ar gorneli stryd.

Dinas ewyllys a lethwyd droeon gan drefnau bydol,
a gadael cregyn diwylliant;
sgerbydau straeon a phethau brau eraill
yn llechu mewn claddfeydd ar ei chyrion.

Dinas rhyfeddodau nas enwyd eto,
rhai sydd heb eu canfod, sy'n aros
yn anghofiedig yng ngro Taf am ryw
heliwr i'w dwyn i'r byd mewn eiliad
gam, ddiseremoni, a'n gwaredu ni i gyd.

Mop

Braint oedd cael ymgolli ym myd y beirdd – a berw eu teimladrwydd – efo'r thema arbennig hon yn ystod y cyfnod heriol presennol. Dyma gystadleuaeth o 19 ymgeisydd o safon uchel. Mae'r bluen yn gryfach na'r ordd mewn barddoniaeth, a theimlais ein bod fel tri beirniad wedi gwerthfawrogi hyn yn y cerddi.

Dosbarth 3

Yr Arth Gwyrdd: Cerdd fer deimladol iawn yn deillio o unigrwydd cyfnod y clo. Gresyn nad oedd wedi ei golygu'n ofalus. Hefyd doedd ei hyd ddim yn briodol i ofynion y gystadleuaeth. Daliwch ati i ysgrifennu.

Nain: Ceir darlun cofiadwy o'r wraig yn y dilyniant byr sydd yn y casgliad hwn a leolir ar lannau Mawddach a Merswy. Hefyd ceir emynau a thelynegion teuluol hyfryd fel 'Deffro'. Gresyn bod angen ychydig mwy o olygu o ran sillafu ac atalnodi mewn mannau. Ceir clo llwyddiannus a chynnil i'r gwaith efo 'Cyffes'.

Orffews: Mae effaith cyfnod y clo yn treiddio drwy gerddi'r ymgeisydd hwn, sy'n wych mewn mannau, ond hefyd yn orlwythog ar adegau eraill. Mae ar ei rymusaf yn y gerdd bwerus, 'Fy nhŷ gwag', lle ceir ôl-fflachiadau o aelodau teuluol y gorffennol. Ymdrinnir â cholled a gwahaniad, ond gresyn fod peth o'r gwaith yn rhy annelwig i fod o ddiddordeb cyffredinol. Credaf y byddai'r darlun adfywiol, 'Parc Thompson', yn cloi'r casgliad yn well.

Dewi Drws Nesa: Ceir lleoliad digon difyr yma, a cherddi yn manylu ar ddau dŷ nesa at ei gilydd, ac iaith afaelgar sy'n ein rhwydo i ganol adeiladu ffens rhwng y ddau dŷ. Mae'r cof yn cilio wrth i'r adeiladu ffens fynd rhagddo. Er ei fod yn dechrau yn ddigon gafaelgar, teimlaf ei fod yn gasgliad amwys hefyd sy'n addas i'r awdur, ond yn llai perthnasol i'r darllenydd.

y fi yw y fi yw y fi: Casgliad digon difyr mewn amrywiol safleoedd. Braidd yn undonog i mi yw'r gosodiad a'r patrwm llinellau cyson drwyddi draw, ond teimlaf ei fod yn arwyddocaol i'r bardd. Mae ambell olygfa neu gameo difyr iawn yma, a'r rhain fel 'mainc' yw'r cerddi cryfaf a mwyaf dengar. Mae adnoddau gan y bardd hwn i drin iaith yn sicr iawn.

Dosbarth 2

Alaw: Mae rhywbeth digon difyr a meddylgar yn y casgliad hwn. Ceir cysylltiad rhwng y bobl yn y cerddi yn eu harwahanrwydd. Mae cynildeb arbennig ar brydiau: 'Hithau â'i harian/ yn dyheu am un fechan/ â'i chyrls bach aur.' Cawn hiwmor hefyd yn y dychan sy'n cael ei gynnal tan y diwedd. Ymgais digon gwreiddiol gydag ambell wall sillafu.

parablwr: Casgliad difyr a gwreiddiol ar y dechrau: stori garu ramantus, a chysylltiadau yng nghyfnod Covid-19, ac yn bodoli yn y cyfnod hwnnw yn unig. Ceir anwyldeb yn y dweud:

> ac yna gwallgofi'n llwyr
> wrth glywed, yn dirgrynu,
> dy lais
> yn gwenu arnaf
> o bell.

Hoffais '#4' yn gynnil gynnes. Hynt a helynt y garwriaeth drwy'r cyfnod, a dadleuon syniadol rhwng dau, yw'r hyn a geir. Ond wrth i'r casgliad fynd rhagddo, braidd yn dameidiog ac unffurf o ran arddull a photensial yw'r syniad a gychwynnodd yn dda.

Sadwrn: Cerddi am gysylltiad ar sgrin ac ar ffurf sgwrs. Cyfleir yr arwahanrwydd yng ngosodiad y gwaith ar y ddalen. Hoffaf ambell berl fel hwn: 'Y dydd yn rîl 'rhyd brynie ddo'/ ar lens,/ ar ffenest llygad y co'.'

Mae'r cerddi yn hynod o gyfoes ar yr wyneb, ond ceir deuoliaethau ac ysgrifennu beiddgar. Prif fyrdwn y casgliad, serch hynny, yw bod noddfa i'w chael mewn gwir gyfathrebu, ac nid yn y byd rhithiol.

Erwain: Ar ei orau, dyma fardd trawiadol. Darlun pwerus o ddiwedd perthynas rhwng dau a geir. Credaf efallai bod angen gadael i'r cyfan oeri a phellhau cyn cryfhau'r cyfanwaith. Daw penderfyniad i wahanu ond nid cyn y cynildeb a'r tyndra yn y cerddi cyntaf lle sylweddolwn nad ydy pethau yn fêl i gyd. Ceir cerddi byrion effeithiol a delweddu gwych:

> Sori, ond i mi
> nid oeddet ti ond potel
> yn llawn atsain
> rhyw ddamwain o ddyn
> a ddaeth i ddwyn lliwiau cain
> fy llefain.

Yn araf sylweddolwn fod yma bartner gormesol ac anystyriol. Ceir ambell fân wall, a'r elfen fwy pregethwrol wrth i'r casgliad barhau. Gwell fyddai gadael i ddelwedd gynrychioli hyn. Mewn cerdd fel 'Morgrugyn' ceir digon o bellhau i fod yn wirioneddol rymus yn lle tuedd i rantio. Pan geir delweddau, teimlaf fod tuedd i'w pentyrru o fewn cerdd. Mae gallu yma a dilysrwydd mawr, ond dydy'r teimlad heb oeri digon i wneud y gerdd hon yn wir effeithiol i eraill.

Xenos: Ambell berl cryno o gerdd sydd gan *Xenos*, a cherddi agoriadol sy'n codi ein chwilfrydedd. Ceir portread crwn o dad yn y gerdd 'Lysh'. Cawn olwg ar sawl agwedd ar fywyd: y gwych a'r gwachul. Cerddi sy'n fwy o athronyddu cyffredinol yw'r rhai sy'n gwanhau'r casgliad hwn. Mae'n cloi yn wych efo'r gerdd 'Medi'. Llais uniongyrchol ac unigryw yn sicr.

Gwlad y Menig Gwynion: Er bod ambell elfen annelwig, gwelwn yn y casgliad hwn gynildeb craff ac awgrymog, a'r dweud tafodieithol hwnnw sy'n gafael: 'Wrth wenu, pwyntiai Dad-cu ata i:/ "Ma' rhyw gath yng nghwbwrt pawb".' Er ceisio bod yn rhy glyfar ar adegau efallai wrth gyfleu cymeriad y 'Nai', mae yna linellau arbennig, fel y rhain am Gwenno: 'ei gwên yn ail-gynnu stafell/ sy'n cynnwys tân gwidw.' Bardd addawol iawn – a dotiais at y dafodiaith.

Dosbarth 1
Cysgod: Casgliad yn canolbwyntio ar unigolion yn y cyfnod dyrys hwn a phawb ar wahân. Dyma fynegiant arbennig a chynildeb mawr. Cawn awgrymiadau o salwch ac ymateb pobl iddo yn y gerdd agoriadol. Gwelwn sylwgarwch cynnil ac awgrymu cyrhaeddgar: 'Cwestiwn cyffredin sy'n crwydro/ o'i cheg, a gwên-biti-garw yn tanlinellu'r/ dweud.'

Darlunnir dyfalbarhad person ifanc i greu darlun – y cyfan yn fath ymdrech iddo – ac yna sylw diddeall y sawl sy'n ei asesu. Gwelwn mor amherthnasol hefyd yw rhai o ddewisiadau byd addysg i rai â chyflwr arbennig. Ceir delweddu da ac islais o eironi drwy'r cyfan. Cawn gasgliad o ddarluniau encilgar gonest, a chyd-ddealltwriaeth anhygoel o sefyllfa'r prif gymeriad, ynghyd ag ymwybyddiaeth gref o'r ymdrech. Mae'r cyfan yn yr un cywair tan y ddwy gerdd olaf.

Llias: Mae'r cerddi hyn wedi eu gwreiddio mewn cymdogaeth, a gwelwn wahanol gyfnodau a heriau perthynas, a gormes salwch. Hoffais y cysyniad gwreiddiol o ganoli ar fywydau'r tai. Y cerddi cryfaf i mi yw 'Drws-ynant', 'Angorfa', a '2 Tai Canol'. Ceir llinellau cyforiog megis: 'Clustog yn araf ildio'i phant./ Rhif yng nghof y ffôn na thâl ei gadw.' Hefyd: 'Camp yw cydamseru llwncdestun rhwng picsels a'r cyswllt oriog/ a'r ennyd o oedi rhwng ystum a sain.'

Ydy'r adran 'Bodifor' yn wir deilyngu ei lle tybed? Cawn ddelweddau grymus o ymrwymiad caeth, a dim ond ychydig o ryddid; ac o wahanu a dod at ei gilydd mewn iaith gref. Gresyn fod rhai sefyllfaoedd yn rhy amwys ac annelwig ar adegau.

Missys Alff: Gwelwn Gaerdydd yn y casgliad hwn, ond hefyd amrywiaeth o leoliadau eraill. Dyma fardd arbennig, a thrwy bortreadau disglair rydym yn cyfarfod nifer o gymeriadau cofiadwy hefyd. Gwelwn ddealltwriaeth reddfol o'r amrywiaeth ardaloedd. Mae yma ambell wall atalnodi, ac mae angen cynnal cysondeb, ond ceir adegau llachar iawn yn y casgliad hwn. Ymdrinir â themâu fel ffrindiau ifanc yn gweld ei gilydd yn y cnawd eto, a sefyllfa'r Cymry di-Gymraeg. Hoffais gynildeb y darlun o Drefforest mewn llinellau fel:

> Rhiniog lân, a honno'n diasbedain i sŵn mynd a dod y blynyddoedd,
> i sŵn oes gyfan ...
> Rhannu eiderdown, rhannu stori, rhannu sŵn y trên yn
> rhwygo'r nos.

Mae'r gerdd 'Flora Street, Caerdydd' yn cyfleu teimladau arbennig Mam yn ffarwelio â'i merch sy'n symud i'r ddinas. Teimladol iawn ac awgrymog. Cyferbynnir hyn â naturioldeb y darlun o Nain Blaenycwm, Cwm Cynllwyd, a cherdd glo gref am Bont Trefechan mor awgrymog a chynnil. Ceir cynhesrwydd ac emosiwn yn narluniau'r ymgeisydd hwn a fwynheais yn fawr.

Brythones: Mwynheais y casgliad hwn yn fawr iawn: roedd yn cadw diddordeb ac yn amrywiol o ran diwylliant a pherthynas. Mae'r agoriad yn gryf gyda gwraig yn dianc o berthynas ormesol ac yn mynd i Lydaw:

> Dal i weld sbarc milain
> ei lygaid yng ngoleuadau Plymouth
>
> a thonnau'r môr yn heddweision
> diogel rhyngom.

Daw gwaredigaeth drwy gyrchu Pen y Lôn, a pherthynas sy'n cael ei darlunio yn deimladol a thelynegol. Yna, cawn ddarluniau o'r Llydaweg yn dal yng ngwead y gymuned, cyfeillgarwch yn cael ei feithrin, a bywiogrwydd dawns y *fest-noz*. Mae'r cyfan yn foddion i'r bardd wella. Mae yna linellau trawiadol iawn yn y gerdd 'Dychwelyd':

> Chwythodd y gwynt
>
> ei ffarwél drwy'r cyntedd
> a heintio pob stafell
> â hiraeth.

Mae rhywbeth i'w ddarganfod o'r newydd â phob darlleniad yn y gwaith hwn.

Ap Iago: Mae casgliad y bardd hwn mewn pedair adran: Colli, Symud Ymlaen, Cofio, a Byd Arall. Cawn agoriad ingol ac angerddol gyda chynildeb y darlun o'r claf yn yr ysbyty. Yna'r angladd lle gwelwn gymharu'r pethau arferol efo'r haf, ac yna'r un darlun cynnil fel ergyd realaeth ar ddiwedd y gerdd:

> Yng ngwres yr haf
> a haul Awst yn sgleinio
> ar do'r hers,
> plygu pen, ac wylo
> i'r cysgodion.

Ceir soned yn ymgodymu â realaeth y sefyllfa i gloi'r adran gyntaf.

Ar draeth Aberystwyth yn yr adran Symud Ymlaen, cawn ddarlun o obaith fel coelcerth ar y traeth, ond erbyn y bore mae'r traeth yn ddalen lân eto. Disgrifir yn yr ail gerdd fel y mae ton o alar yn dod yn sydyn. Yn adran y Cofio rydym yn Fflandrys, ac yna'n ôl ar aber Afon Teifi lle 'mae lleisiau plant y gemau traeth/ yn disgyn/ fel manblu gwylan'.

Mae yma benillion hyfryd fel hyn:

> Yma,
> 'dyw awel lem y môr
> ond suo-gân

sy'n sibrwd cyfrinachau'r cynefin,
i'w rhannu'n unig
â'r rhai sy'n gwybod sut mae gwrando;
y rhai sy'n gweld y swnd
yn symud amser.

Mae blas y cynfyd i'r adran hon, ac adfyfyrio.

Yn rhan olaf y casgliad cyferbynnir dau gartref yn gynnil mewn llinellau fel y rhain am y ferch anodd ei thrin yn yr ysgol: 'Ond gŵyr hi'n iawn pa groeso sydd/ Yn disgwyl gartref ar ddiwedd dydd.'

Gorffennir gyda gwahoddiad trawiadol tu hwnt i'r wyrion. Casgliad cyfareddol.

Crwydryn: Dyma gasgliad o gerddi arbennig. Agorir gyda cherdd hynod o graff a sylwgar, a dau yn cyfarfod wyneb yn wyneb am y tro cyntaf, wedi'r cysylltu rhithiol ar y We:

Nodio, a'r ddau *emoji* byw,
wynebau simsan,
yn hawlio'u lle yng
nghornel y dafarn.

Gwelwn arwahanrwydd o bob math yn y casgliad hwn, gyda'r disgybl yn gweld byd o ryfeddodau gyda'i awtistiaeth: '"Ar y sbectrwm," yn siâp ceg o ddweud,/ a thithau'n rhy brysur i boeni.'

Yna, tri sydd wedi eithrio o Wasanaeth yr ysgol, a symud aelwyd i le llai. Dyma ddisgrifiad gwych o

Yncl John a'i fodiau'n frawddegau
duon gan oel rhyw gar neu fan neu dractor,
a'i iaith mor fywiog lachar,
yn wrid ar ruddiau tyner.

Ceir darlun cofiadwy o sefyllfa ynysig arall o gyfnod y clo yn y gerdd 'Ceisio', gan gloi efo cerdd i'r awdur John Sam Jones, a delwedd yr esgidiau yn effeithiol iawn wrth ddarlunio ei fywyd:

Ond ciliodd y bwganod,
cliriodd cymylau Bermo wrth ichi ganfod un,
dau, tri a mwy a'ch cododd,
a'ch cyfeiriodd
at sgidiau gwahanol, rhai a ffitiai,
a ganai wrth gamu.

Diweddglo gwych i gasgliad arbennig.

Meillion Gwyn: Casgliad cynnes iawn sydd yma yn cofio mam a gwraig arbennig, ac effaith ei marwolaeth. Mae hyn yn llinyn cyswllt drwy'r cerddi oll. Mae'n hollol deimladol, yn ein tynnu i mewn yn syth i'r drasiedi, ac eto'r emosiwn a gofnodir wedi ei ddal â ffrwyn dynn er mwyn ei wneud yn hollol ddealladwy i bawb ohonom. Rydym yn byw drwy'r profiadau efo'r bardd medrus. Hoffaf ddelweddu fel hyn: 'Mae'r rhaw yn torri'r tir/ fel cyllell trwy gacen.'

Drwyddi draw, gwelwn fardd disgybledig a delweddau cyforiog yn y pethau cyffredin sy'n arwyddocaol. Mae Cegin Mam yn fud:

Dim sŵn 'sgidiau hoelion ar lawr glân
na thincian sosbenni uwch pennau plant
a dynion
yn brefu am sylw ...

Ein cyfrinachau yn friwsion brau
dan sgyrtins sgerbwd ein haelwyd.

Mae gwacter heb Mam-gu yn y ddrama Nadolig, a'r fam yn fyr ei thymer dros dro efo'i phlant. 'Euogrwydd fel hosan goch yn fy ngolch gwyn.' Ond mae'r plentyn yn deall ei Mam hefyd:

canhwyllau ei llygaid yn ddu
fatha sgrin y ffôn, heb *notifications*.
Du codi ofn –
fatha gwaelod y môr.

Mae'r cyfanwaith tyn hwn yn delio efo galar mor effeithiol gydag ôl-fflachiadau, ac yn cyfleu'r breuddwydio sydd am yr ymadawedig. Yn y gerdd olaf daw llais y fam yn ei ôl yn gynnil i gloi. Mae'n dilyn ei merch ar y llwybr ac mae'n ddiweddglo gwerthfawrogol a thrawiadol o syml. Mae'r fam yn gwerthfawrogi naturioldeb ei merch, a phwysigrwydd y foment, ar y llwybr i adferiad:

> Dw innau'n ei dilyn,
> yn cadw fy nhraed trwm
> yn dawel, dyner
> lle bu curiadau ei chamau –
> fy nghalon yn garlam
> o gariad a rhyfeddod
> wrth gasglu'r eiliadau
> fel meillion
> ar ei hôl.

Dyma gasgliad a wnaeth argraff mawr arna i yn bersonol: byd trawiadol a bortreadir mor sensitif a chofiadwy.

Mop: Cawn agoriad addawol iawn i gyfres o gameos sy'n creu molawd cyfredol i ddinas Caerdydd: cyfres o ystyriaethau a myfyrdodau bychain sy'n cadw ein diddordeb ac yn cynnig golwg newydd ar ein prifddinas.

Hoffais gynildeb y bardd hwn: emosiwn wedi ei ddal yn dynn a'i harneisio'n effeithiol. Gwelwn y gallu i grisialu rhin ac addewid a dirgelwch Caerdydd o oes i oes, ond hefyd i ddal ton newydd ei hyder. Mae'r bardd yn gafael ynom efo'r cysyniadau a'r naratif sydd yn y dilyniant hwn. Mae'n fynegiant celfydd uniongyrchol, heb geisio bod yn flodeuog.

Mae llygaid cytbwys gan y bardd hwn wrth gloriannu Pontcanna:

> Nid yw strydoedd Pontcanna yn cynnig cysur i mi ...
> llawn palmentydd glân a diffyg gwên
> rhyw hanner cydnabod sy'n croesi'r lôn,
> neu ddieithryn nad yw'n codi'i ben o'i ffôn.

Ceir darluniau bach cyfareddol, cynnil am angylion Clare Street. Mae fel petai'r bardd yn ceisio crisialu hanfod Caerdydd, ond yn methu â gwneud hynny. Hefyd cawn gyfeirio at bethau hollol gyfoes fel argyfwng hinsawdd a bygythiad moroedd yn codi yn cyrraedd Afon Taf.

Wrth gloi, daw gwaredigaeth i'r bardd drwy gyfeillgarwch: y cyfarfyddiadau personol hynny ar gefnlen saga fawr y ddinas. Daw ymwared o bethau bob dydd a golygfeydd cyffredin dinas a'i phobl. Mae hyn drwyddi draw yn cael ei ddarlunio'n gryno a chaboledig yn y myfyrdodau gwerthfawr hyn, ac yn olwg cenhedlaeth newydd ar ddinas arbennig.

Er bod hoff gerddi personol gennym fel tri beirniad unigol, roedd y tri ohonom wrth ddidoli wedi gosod y canlynol yn y Dosbarth Cyntaf: *Cysgod*, *Crwydryn*, a *Mop*. Wedi trafodaeth werthfawrogol am y gystadleuaeth drwyddi draw, daethom i'r farn gytûn mai *Mop* yw enillydd Coron (AmGen) yr Eisteddfod eleni.

Cystadleuaeth wastad iawn oedd hon ar y cyfan, a'r bwlch rhwng y casgliadau mwyaf llwyddiannus a'r rhai llai caboledig yn un cyfyng. Roedd y testun 'Ar Wahân' yn ei fenthyg ei hun i gasgliadau yn myfyrio ac yn bwrw golwg yn ôl dros gyfnodau clo y misoedd diwethaf, ond fe ddilynwyd sawl trywydd arall hefyd. Heb ragymadroddi pellach, dyma droi at y 19 ymgais a ddaeth i law.

Yr Arth Gwyrdd: Yn anffodus, ni wnaeth yr ymgeisydd hwn gyflawni gofynion y gystadleuaeth, am mai un gerdd a dderbyniwyd, a honno mewn gwirionedd angen ei golygu ymhellach cyn ei bod yn barod i'w gyrru i gystadleuaeth.

Dosbarth 2
Yr oedd rhywbeth i'w edmygu yn holl gasgliadau yr Ail Ddosbarth.

Nain, 'Tonnau': Cyfres o gerddi sy'n gwneud defnydd o wahanol fesurau ac arddulliau a geir yma. Mae'r gerdd gyntaf yn ddilyniant, yna ceir chwe cherdd unigol i greu'r gyfres. Nid oedd testunoldeb y casgliad yn amlwg i mi, ond yr oedd sawl un yn gerddi cyfarch triw ac annwyl.

Ap Iago: Dyma gasgliad sy'n cynnwys sawl cerdd drawiadol, fel 'Mewn Breuddwyd' ac 'Yn y Twyni'. Gwnaed ymdrech yma i gynnwys gwahanol fesurau rhydd, ond efallai bod angen meddwl ymhellach am y cysylltiad rhwng cynnwys cerdd a'i ffurf. Er enghraifft, efallai fod ffurf y gerdd agoriadol, 'Mewn Ysbyty', yn tanseilio rhywfaint ar ergyd y gerdd. Mae'r casgliad mewn pedair rhan, ac nid yw'r cysylltiad rhyngddynt wastad yn glir.

Erwain: Cerddi bachog yn cyfarch cyn-gariad sydd yma. Mae gan y bardd lais cryf, a neges bendant, ond fel casgliad, mae sawl un o'r cerddi yn debyg iawn i'w gilydd – efallai bod eisiau ystyried ac ailysgrifennu yr un gerdd sy'n digwydd yma.

Orffews: Dyma eto gasgliad a oedd yn cynnwys rhai cerddi cryf iawn fel 'Troswr' a 'Pared'. Hoffais yn y gerdd 'Pared' y disgrifiad a ganlyn:

> Pe rhown fy llaw trwy bared iaith,
> fyddet ti'n dod
> trwy'r bwlch
>   a bwrw'r blynyddoedd mud
> fel cen ...

Dyna flas o allu'r bardd hwn ar ei orau – yn anffodus, braidd yn ddi-fflach oedd sawl un o'r cerddi eraill, a'r casgliad fel cyfanwaith yn tueddu i ryw din-droi heb fynd â'r darllenydd i unman.

Dewi Drws Nesa: Cerddi myfyrgar wedi'u lleoli mewn gardd oedd y rhain. Cerddi tawel, sydd ddim yn tynnu sylw atyn nhw eu hunain, ac yn ddarlun cynnil o gyfnod y clo. Cerddi sy'n llwyddo fel casgliad, ond efallai bod eisiau mymryn mwy o fflach i ddod i frig cystadleuaeth lle mae'r safon mor agos.

Brythones: Stori a geir yma am ddynes yn dychwelyd i Lydaw, yn llawn delweddau rhamantus o'r lle. Y mae'r gerdd gyntaf yn cydio yn syth, ond efallai fod y delfrydu yn mynd yn drech erbyn diwedd y casgliad.

Alaw: Casgliad o gerddi gyda phob un yn stori fer gryno am berson sydd 'ar wahân' mewn rhyw fodd neu'i gilydd a geir yma. Yr oedd sawl llinell gofiadwy, fel 'a dyw'r wai-ffai heb gysylltu'r tu allan/ a'i thu mewn' yma ac acw trwy'r casgliad.

Missys Alff: Cerddi wedi'u hysgrifennu yn lleisiau gwahanol aelodau o'r un teulu a geir yma. Y mae'r lleisiau gwahanol wedi eu cyfleu yn effeithiol, gyda phob cerdd wedi'i hysgrifennu mewn arddull addas a gwahanol.

Sadwrn: Casgliad diddorol, gyda'r defnydd o strwythur cyhoeddi post ar Instagram yn gweithio yn llwyddiannus. Mae'n gasgliad llawn cysyniadau, ond efallai bod tueddd i oresbonio'r cysyniad neu ergyd cerdd yn amharu ar y cerddi. Fel gyda jôc, mae goresbonio mewn cerdd yn medru lladd yr ergyd, tra bod gadael popeth yn rhy niwlog yn medru sbwylio cerdd hefyd. Y grefft yw cael y cydbwysedd cywir.

parablwr: Cerddi am berthynas a ffurfiwyd dros gyfnod y clo, gyda'r ddau yn byw ar wahân. Yr oedd islais sinistr, clostroffobig i'r cerddi, ynghyd â'r berthynas a gaiff ei phortreadu. Roedd yr effaith yn drawiadol, ond efallai bod gwaith mireinio eto, gyda sawl cerdd yn tueddu i fod yn aralleiriadau o ddoethinebau cyffredin.

Xenos: Cyfres o gerddi hunangofiannol a geir yma, yn dilyn hynt y traethydd i'r ysgol, carchar, ac ymddeoliad. Cerddi naratif, yn adrodd hanes diddorol, ond efallai bod y farddoniaeth yn dioddef ar sail y naratif ar brydiau.

Gwlad y Menig Gwynion: Dyma gasgliad a achosodd gryn benbleth. Yr hyn sydd yma yw cerddi yn ôl a 'mlaen yn llais 'Wncwl' a 'Nai'. Y mae'r dweud yn gyfoethog, a'r cerddi'n llawn troeon ymadrodd gwreiddiol a delweddau ffres – ond ni fedrais ddatglymu perthynas y ddau gymeriad, na deall y story sy'n cael ei hadrodd. Y mae'r ddau gymeriad yn cyfarch rhyw 'ti' yn y cerddi, ac anodd oedd gwybod pwy oedd y 'ti' dan sylw.

Dosbarth 1

A dyna gyrraedd cerddi'r Dosbarth Cyntaf. Roedd cryn symud nôl a 'mlaen rhwng top yr Ail Ddosbarth a gwaelod y Dosbarth Cyntaf trwy gydol y beirniadu. Fel clawdd efo'r giât wedi ei gadael ar agor, roedd rhai casgliadau fel defaid yn symud nôl a 'mlaen rhwng y ddau gae ar bob darlleniad. Ond rhaid oedd cau'r giât rywbryd, a'r cerddi'n gorfod aros ym mha bynnag gae yr oedden nhw'n eu canfod eu hunain ar eiliad y cau. Dyna oedd safon cyffredinol agos y cerddi yn y gystadleuaeth eleni.

O ran cyrraedd y Dosbarth Cyntaf, roeddwn i'n chwilio am dri pheth yn fras: lefel foddhaol o grefft a gafael gadarn ar yr iaith; casgliad o gerddi a oedd yn gweithio fel cyfanwaith, ac mewn deialog o ryw fath gyda'i gilydd; ac yn drydydd, y fflach fach anesboniadwy honno o gyffro sy'n rhywbeth cyfan gwbwl oddrychol a gwahanol ym mhob beirniad.

Dyma'r defaid a oedd yn y gorlan hon, felly:

Crwydryn: Cerddi yn mynd i sawl cyfeiriad gwahanol wrth fyfyrio ar unigrwydd, y profiad o fod wedi neilltuo, neu wedi'u gosod ar wahân a geir yn y casgliad hwn. Mae'n cynnwys sawl cerdd drawiadol, fel y gerdd agoriadol, 'Cyfarfod', sy'n darlunio dau berson yn cyfarfod yn y cnawd am y tro cyntaf ar ôl bod yn sgwrsio ar lein:

> Nodio, a'r ddau *emoji* byw,
> wynebau simsan,
> yn hawlio'u lle yng
> nghornel y dafarn.

Mae'r ddelwedd o'r ddau *emoji* byw rhywsut yn cyfleu natur drwsgl cyfarfyddiad o'r fath i'r dim, a gorfod gweithio allan be i'w neud efo'r wyneb ar ôl cuddio tu ôl i *emojis* cyhyd. Cerd arall gofiadwy yw 'Ceisio', cerdd sy'n ddarlun ingol o unigrwydd yn y byd Zoom, gyda'r ffigwr yn y gerdd yn ceisio cael hyd i sgwrs ar hyd y rhwydwaith, ac yn methu.

Er bod cerddi cryf yn y casgliad, casgliad o gerddi da oedd yma yn hytrach na chasgliad da o gerddi. Roedd y cerddi oll yn thematig, ond tu hwnt i hynny, doedden nhw ddim fel petaen nhw mewn deialog gyda'i gilydd, gyda'r gerdd olaf, 'Fesul cam', yn enwedig yn teimlo yn ddatgysylltiedig oddi wrth weddill y casgliad.

Cysgod: Cerddi am berson ifanc yn dod i ben ei yrfa ysgol, ac yn mynd trwy argyfwng iechyd meddwl a geir yma. Datgelir fesul tamaid y cysgodion sy'n llechu, gan arwain at y chwalfa, gyda'r casgliad yn y pen draw yn gorffen ar nodyn gobeithiol. Egyr y casgliad gyda'r gerdd 'Pen-blwydd hapus', cerdd yn llawn delweddau hyfryd fel pan fo'n disgrifio'r diwrnod 'fel cyffyrddiad llaw ar ôl/ bod allan yn yr eira/ am oria". Y mae'r gerdd 'Yng ngolau'r oergell' wedyn yn gynnil ond trawiadol yn ei phortread o anhwylder bwyta.

Dyma un o gasgliadau mwyaf cyflawn y gystadleuaeth, lle mae'r gwaith yn llwyddo fel cyfanwaith, yn ogystal ag fel cerddi unigol. Mae'n codi i'r Dosbarth Cyntaf oherwydd didwylledd y dweud a'r gallu i adrodd hanes dirdynnol yn gynnil ac effeithiol.

Meillion Gwyn: Cerdd yw hon yn disgrifio profedigaeth: mam yn colli ei mam. Darlunnir y golled yn bennaf trwy gyfrwng perthynas y fam a'i merch fach hithau: ffordd grefftus a chynnil o bortreadu perthynas mam a merch, ac effaith profedigaeth. Hoffais yn arw yr adlais o strwythur 'Ystafell Cynddylan' yn y gerdd 'Cegin Mam', ac yn y gerdd 'Chwarae efo fi Mam' mae'r modd y mae'n ailadrodd amrywiadau ar y llinell 'dau funud' yn grefftus, yn adeiladu'r tensiwn ac yn gwneud yr ergyd ar y diwedd gymaint yn fwy trawiadol. Mae 'Gwely'r Môr' hefyd yn delyneg dyner, sy'n ddarlun hyfryd o berthynas mam a merch:

> Dw i'n ymestyn ar draws cefnfor y cynfasau.
> Fy llaw yn dywarchen drom
> ar rubanau gwymon ei gwallt
> ac mae dafnau hallt ei dagrau'n
> diferu'n dyner
> rhwng fy mysedd
> fel gwlith.

Efallai, fodd bynnag, bod modd tynhau mymryn ar y casgliad, a chwynnu ambell ymadrodd neu ddelwedd dreuliedig.

Llias: Gyda'r casgliad hwn, rydym ni'n tynnu tua thop y gystadleuaeth. Cyfres o ymsonau preswylwyr rhes o dai ar stryd ddychmygol a geir yma. Cerddi yn ymateb yn uniongyrchol i feudwyaeth gorfodol cyfnod y clo a geir, gyda phreswyliwr pob tŷ yn delio gyda'i ymneilltuaeth yn ei ffordd ei hun: mynd ar Duolingo, pobi bara, a rhannu pryd o fwyd dros Zoom. Golygfeydd cryno o fywyd yn y Clo Mawr, a hynny gyda dogn o hiwmor a digon o dynerwch. Mae pwysau unigrwydd, fodd bynnag, yn gefnlen i'r cyfan.

Un o'r cerddi hyfrytaf yw 'The Pines':

> Nid ceiriosen a yrraf atat ond bag te:
> siffrwd caeth mewn gwead gwyn dan awgrym o wawn.
> Edmygi, mi wn, ei gymesuredd minimalaidd,
> ei ddomestigedd diffwdan, ei ddigonolrwydd anymwthgar,
> ei unswydd-rwydd.

Mae'r disgrifiad manwl, gofalus o'r bag te yn gysáct a fforensig, ac er na ddwedir dim, ni ellir ond gweld y person hwnnw, yn gaeth i'w tŷ, a'u bag te yn llatai rhyngddynt hwy a'r byd.

Mop: Mynd â ni i Gaerdydd y mae *Mop*, ar lwybr sydd mewn perygl o fynd yn un treuliedig, ond gyda *Mop* rydym yng nghwmni tywysydd medrus a hyderus: yr unigrwydd arbennig hwnnw na ellir ond ei brofi mewn dinas fawr yw cefnlen y gwaith. Mae'r traethydd yn cerdded trwy'r ddinas, ac yn gwneud ambell sylw crafog am y brifddinas, er enghraifft yn y gerdd 'y gwirionedd syml a brawychus':

> Ystyria'r wiwer yn Bute Park,
> yn hel ei chnau;
> does ganddi ddim amgyffred
> fod ei chartref yn ddelfryd
> a ddychmygwyd ddwy ganrif a hanner yn ôl
> gan gyfoeth a chwaeth un dyn.
>
> Mae'n hel ei chnau.

Ceir cerddi eraill cofiadwy hefyd, fel 'yr angen i symud ymlaen' ac 'y pethau hudol sydd ar hyd lle', sy'n cynnwys y llinell drawiadol: 'Mae angylion yn byw dros Clare Street.'

Mae'r casgliad yn un cyflawn, a'r safon dros ddwsin o gerddi yn gyson. Mae'r cerddi yn llwyddo i wyro oddi ar lwybrau disgwyliedig, treuliedig, gan droi i gyfeiriadau newydd ac weithiau annisgwyl.

Y fi yw y fi yw y fi: Dyma ddod at y casgliad a wnaeth fy nghyffroi fwyaf wrth i mi ei ddarllen. Cerddi ymddangosiadol syml yw y rhain ar y darlleniad cyntaf: llinellau byrion a mynegiant syml, plaen. Cerddi am 'y peiriant', 'yr wylan deg', a'r 'fainc' – gwrthrychau neu greaduriaid cyffredin – ac nid yn gerddi sy'n eu gorfodi i fod yn symbolau neu'n alegorïau am ddim. Yn y gerdd, 'yr wylan deg', er enghraifft, mae'r bardd yn gwyro oddi wrth y demtasiwn i droi'r wylan yn drosiad am unrhyw beth, trwy gloi y gerdd gan droi i ffwrdd oddi wrth yr wylan, wrth i'r traethydd 'hel fy mhac/ a llyfu llwy'.

Peiriant fel peiriant, mainc fel mainc. Os mai'r siars i egin feirdd yw i 'gadw at y diriaethol', mae *y fi yw y fi yw y fi* yn gwneud hynny i bwynt eithafol bron. Enghraifft o hynny yw'r gerdd 'troli', y gellir ei dyfynnu yma yn ei chyfanrwydd:

> mae'n bwysig nodi
> fod y troli Tesco
>
> a welais ar
> y llwybr troed
>
> yn wag oni bai am
> un esgid damp
>
> wedi'i rhwygo
> a heb gareiau.

Mae'r gerdd yn dilyn strwythur y gerdd 'Red Wheelbarrow' gan William Carlos Williams bron yn union. A dyna ddod â ni at fyd *memes*. Tua 2017, poblogeiddiwyd *memes* o gerdd William Carlos Williams, 'this is just to say', ymddiheuriad y bardd am fwyta eirinen. Mabwysiadwyd strwythur syml y gerdd, sy'n ffitio, fel mae'n digwydd, yn berffaith i fformat trydariad, ac atgynhyrchwyd miloedd ar filoedd o fersiynau diwygiedig ohoni ar draws y We. Yn wir, fersiwn o'r *meme* hwn a geir yn y gerdd 'torth', cerdd olaf y casgliad.

Fel cerddi Williams, mae cerddi *y fi yw y fi yw y fi* fel petaen nhw wedi eu hysgrifennu ar gyfer yr oes ddigidol, heb fod o reidrwydd yn gerddi am y We. Mae rhywbeth democrataidd am destunau'r cerddi, y gwrthrych mwyaf di-sylw a chyffredin yn cael ei ddisgrifio, ond heb ei lwytho ag ystyr na'i ddyrchafu mewn unrhyw fodd, gan gadw'r pethau yn bethau cyffredin.

Erbyn 'mewn sinema', efallai bod y fformiwla yn dechrau troi'n rhagweladwy, ond wedyn onid dyna natur byw ar y We, natur y *meme*? Can mil jôc, i gyd yn dilyn yr un fformiwla?

Nid dyma efallai gasgliad mwyaf caboledig y gystadleuaeth, ond i mi, dyma'r mwyaf gwreiddiol, a'r casgliad a wnaeth i mi feddwl, a fy nenu yn ôl i ailddarllen dro ar ôl tro, a chanfod rhywbeth newydd ar bob darlleniad. Ond, wrth gwrs, dewis enillydd trwy bwyllgor a wneir yng nghystadleuaeth y Goron, a hynny gan dri beirniad gyda chwaeth tra gwahanol. A thra bod casgliad *y fi yw y fi yw y fi* wedi cyffroi, yr oedd casgliad *Mop* yn gyflawn, gwastad o ran ei ansawdd, ac yn un yr oeddem fel tri beirniad wedi cael ein procio a'n hysgogi gan y cynnwys.

Rhoddir y Goron, felly, i *Mop*.

Daeth 19 cerdd i law, ac fel beirniaid roedd gweld y niferoedd yn beth braf i ni: mae yna awch am greu, mae'n amlwg. Yn ystod cyfnod y clo a'r amserau rhyfedd hyn, penderfynwyd ar y testun 'Ar wahân' ar gyfer cystadleuaeth y Goron, ac felly dyma ni, feirniaid, yn closio at ein gilydd yn rhithiol er mwyn trafod. Pan gwrddon ni fel triawd, daeth yn amlwg o'r funud gyntaf ein bod ni – bob un ohonom – â barn tra gwahanol ar ba gerddi ddylai gyrraedd y brig. Fy hun, mi oeddwn i'n chwilio am ddilyniant o gerddi a oedd yn mynegi gwirionedd uniongyrchol drwy farddoniaeth, yn rhannu profiad a fyddai'n canu ac atseinio mewn modd a fyddai'n cyrraedd at 'y nghalon i.

Missys Alff, 'Ar Wahân': Dilyniant o gerddi sydd yma o safbwynt menyw: lleisiau'r menywod a fu yn nheulu'r bardd ar draws y cenedlaethau sydd yn y dilyniant; amser sy'n eu gwahanu nhw. Mae'n portreadu bywyd teuluol rhywle yn y gogledd: ei merch yn 17 oed yn mynd i barti yn llawn gobeithion ac amheuon; ei mam yng nghyfraith a fagwyd mewn tafarn; ei mam-gu a fu'n byw mewn tŷ teras yn Nhrefforest ar hyd ei hoes yn edrych 'nôl ar ei bywyd; a'i merch hynaf yn gadael cartref yng ngogledd Cymru a symud i fyw i Gaerdydd. Mae'r arddull yn un llafar, braf a'r lleisiau unigol i'w clywed yn glir. Mae cyffyrddiadau hyfryd o deimladwy yn y cerddi hyn.

Nain, 'Tonnau': Casgliad o gerddi amrywiol mewn sawl arddull a geir yma. Agorir gyda thaith merch o Gymru i Lerpwl er mwyn gweithio fel nyrs, ac yno mae'n cwrdd â'i gŵr, meddyg, dyn o dras estron i'r ynysoedd hyn, sydd, ar ôl iddynt briodi, yn cael ei anfon yn ôl i'w wlad enedigol gan yr awdurdodau. Mae'r dweud yn deimladwy ac yn darlunio fod cariad yn drech na chasineb. Ceir sawl cerdd wahanol o ran cynnwys ac arddull gan gynnwys cerdd i ŵyr ac un i wyres gan dynnu tua'r terfyn gydag emyn ar thema cariad ac yna cyffes. Mae'r casgliad hwn yn un sy'n llawn cariad a pherthyn. Teimlais efallai nad oedd y cerddi'n eistedd yn ddigon agos at ei gilydd o fewn yr un casgliad; eu bod yn rhy wahanol i'w gilydd o ran naws.

Meillion Gwyn, 'Ar wahân': Casgliad o gerddi teimladwy a geir yma sy'n darlunio marwolaeth gwraig, gan adael gŵr ar ôl. Yn yr atgofion, y chwerthin a'r llefen y mae'r cariad. Mae'r gŵr gweddw, ffermwr, yn ceisio'i orau i ymdopi yn wyneb y golled enbyd, yn bwrw i fyw heb ei gymar; felly hefyd weddill y teulu heb eu mam a'u nain, ac mae pethau'n dal i ddigwydd er nad yw hi yno – sioe Nadolig, y plant yn prifio. Mae ei merch yn gweld colli ei mam, ac eto'n ei chael hi'n anodd rhoi amser i'w phlant ei hun ynghanol prysurdeb bywyd. Dyna yw'r eironi, onide? Ac mae'r plantos, yr wyrion, yn gweld eu mam hwythau'n diflannu i rywle o flaen eu llygaid bob nawr ac yn y man, rhywle ble mae hi ar ei phen ei hun gyda'i theimladau. Sut mae sgwaru galar a bywyd yn symud ymlaen? Mae'r bardd yn ymwybodol o gerdded traed amser oherwydd mae'r gerdd olaf yn disgrifio'i merch yn sgipio yn llawn hapusrwydd y foment ac mae'n rhyfeddu ati. Cyfres o gerddi hynod deimladwy, gan fardd sy'n gwybod sut mae ysgrifennu; mae'n *dangos* nid *dweud*.

Cysgod, 'Ar Wahân': Cyfres o ddarluniau byr, bachog a geir yma, cameos gwahanol o fod ar wahân yn blentyn ysgol, yn oedolyn ifanc ar fin camu i brifysgol, yn rhywun sy'n camu i mewn i berthynas, yn bobl sy'n perthyn ond sydd wedi colli nabod ar ei gilydd. Mae'r ysgrifennu'n gyfoes a syml, yn cyfleu pethau'n effeithiol. Mi faswn i'n dweud weithiau nad yw'r mynegiant barddonol yn taro'r nodyn bob tro, ond y mae yma huodledd hefyd.

Dewi Drws Nesa, 'Ar wahân': Dyma ddarluniau llonydd twyllodrus o gartref swbwrbaidd; cerddi trefol yw'r rhain. Mae'n cychwyn yn yr ardd, ble mae gwaith i'w wneud – mae wastad gwaith i'w wneud mewn gardd. Mae'r disgrifiadau'n rhai manwl ond cynnil o ardd mewn cyd-destun trefol, sy'n cyfleu llawer mwy nag y mae'n ei ddweud. Cawn ddisgrifiad o'r ardd yn y nos hefyd, pan mai teyrnas yr anifeiliaid yw'r llain. Hen ddyn yn byw drws nesa i deulu ifanc sydd yma, y ddau gartref fydoedd ar wahân. Mae Dewi'n falch o'i ardd ac yn un sy'n hoff o'i gwmni ei hun. Mae Dewi'n syrthio ac mae'n cael trawiad, mae un o'r plant drws nesa'n ei weld ar lawr: 'Dewi's down!' ac fe gaiff ei achub. Mae'r gyfres hon o gerddi'n aeddfed, yn rhai hynod drawiadol, mae'r dawn dweud cynnil yn amlwg; i mi, mae *Dewi Drws Nesa* yn cyrraedd y Dosbarth uchaf.

parablwr, 'Ar wahân': Cerddi sy'n adlewyrchu ein hamserau rhyfedd yw'r rhain, cerddi byrion, pob un wedi'u rhifo. Maent yn darlunio pytiau, darnau o berthynas dros y cyfryngau a thrwy sgrin gyfrifiadurol. Maent yn teimlo fel darluniau cyfoes o fywyd modern Siapaneaidd mewn podiau, pawb yn fodau unigol ar wahân. Mae'r cerddi hyn yn teimlo fel petaent wedi'u hysgrifennu yng ngwawl golau sgrin y cyfrifiadur, maen nhw'n teimlo'n gerddi sydd ar frys i ddweud rhywbeth, i wneud cyswllt. Fe fwynheais i'r cerddi hyn yn fawr iawn.

Y fi yw y fi yw y fi, 'ar wahân': Cerddi byrion, enigmatig sydd yma, cyfres o ddarluniau sy'n edrych fel pe na bai ganddynt gyswllt â'i gilydd, ac efallai nad oes, ond y mae'r mynegiant mor foel a diwastraff fel bod rhywun yn teimlo'r dieithrio ymhob un o'r darluniau, fel cardiau post o fannau unig. Ceir cyffyrddiadau o hiwmor cynnil yn y cerddi. Mae'r cerddi hyn yn dweud mwy na'r geiriau sydd ar y dudalen.

Brythones, 'Ar Wahân': Dyma gasgliad o gerddi sy'n dweud stori. Mae'n cychwyn gyda thaith dramor a'r cwestiwn agoriadol, 'Anything to declare?' Mae'r bardd yn ystyried dweud bod yr iaith Gymraeg i'w ddatgan i'r awdurdodau, rhywbeth sydd o dan y radar i'r mwyafrif mwyafrifol. Stori garu yw'r cerddi hyn, stori sy'n rhychwantu dwy wlad, Cymru a Llydaw, ac yn ymestyn lastig perthyn hyd ei eithaf a'r arwahanrwydd yn brifo, y boen yn pingo'n ingol. Dyma gyfres o gerddi sy'n darlunio'r profiad o gynnal perthynas o bell, yn boenus o effeithlon ar brydiau.

Alaw, 'Ar wahân': Cyfres o sefyllfaoedd a geir yn y casgliad hwn, sy'n darlunio bod ar wahân: menyw, a fu unwaith yn ganolbwynt y teulu, bellach ar ei phen ei hun; gŵr yn cael ei gludo mewn ambiwlans wedi trawiad; plentyn yn canu piano o flaen cynulleidfa; dyn yn dal trên am adre o ganol Llundain; merch yn aros am ei ffrind mewn caffi; menyw sy'n chwilio am achubiaeth mewn eglwys ddieithr; a merch sy'n brwydro gydag anhwylder bwyta. Y mae pob un o'r rhain yn teimlo ar wahân, pob un yn teimlo dieithrwch. Ar y cyfan, mae'r mynegiant barddonol yn rhwydd. Mwynheais y cerddi'n fawr.

Xenos, 'Ar wahân': Agweddau gwahanol ar arwahanrwydd a geir yn y casgliad hwn ac mae'r teimlad o unigrwydd yn tryledu drwy'r cerddi. Mae'r cameos yn pentyrru ar ben ei gilydd: cyrraedd yr ysgol am y tro cyntaf; achos o fwlio ar yr iard; plentyn sy'n cael ei ddewis yn olaf i bob tîm am ei fod yn wahanol; y bachgen anystywallt sy'n cael ei ddewis i chwarae Herod yn nrama'r geni; darlun o berthynas gydag alcohol wrth dyfu'n oedolyn; cariad cyntaf; torri'r gyfraith; ysgariad; bod yn gaeth i gyffuriau; ymddeol wedi oes o wasanaeth; ac yna diwedd cyfnod ysgol a phob mis Medi'n teimlo fel diwedd a dechrau rhywbeth. Y mae cymysgedd o brofiadau yma; efallai, o bosib, fod gormod o fewn y casgliad ac y byddai dewis nifer llai o sefyllfaoedd wedi golygu bod mwy o le i gynnig ymdriniaeth ddyfnach. Wedi dweud hynny, mae'r geiriau'n dod yn llithrig a hyderus o law'r bardd hwn.

Sadwrn, 'D(r)wy Ffenest': Arddull lafar iawn sydd yn y cerddi hyn: maent yn gyfoes ac yn sgyrsiol. Mae'r ffenestr gyntaf yn agor, a thrwyddi gwelir mam yn torri'r lawnt, neu 'hwfro'r borfa', a cheir sgwrs rhwng dau sy'n hollol gysurus yng nghwmni ei gilydd, rhyw fân siarad, er bod y sgwrs yn digwydd o'r cyntedd am nad oes hawl mynd ymhellach yn ystod cyfnod Covid-19. Mae sgwrs arall yn digwydd dros Zoom drwy ffenestr sgrin y cyfrifiadur, ac mae'n teimlo'n rhwystredig, gan fod y dechnoleg yn ddiffygiol a'r pellter yn anferthol. 'Pa stori fydd hi heno?' yw cychwyn y drydedd gerdd, sy'n awgrymu bod rhywle i fynd iddo yn y nos drwy gyfrwng breuddwydion – efallai ble nad oes yna ffiniau, ble nad yw pobl yn cael eu cadw ar wahân. Teimlais efallai bod y cyfanwaith yn anwastad mewn mannau ond er hynny bod yna rin i'r cerddi hyn.

Yr Arth Gwyrdd, 'di-deitl': Cerdd fer iawn yw hon, ond y mae pethau braf amdani, serch hynny. Mae'n darlunio'r teimlad o unigrwydd, y teimlad o fod ar wahân fel gofodwr, sydd wrth gwrs ar wahân i bawb yn yr holl fyd pan fo'n hedfan drwy'r gofod. Y bardd yw Major Tom, sy'n hwylio uwch y ddaear. Mae bywyd yn ymddangos yn dywyll o'r fan hon. Byddai'n dda petai'r bardd wedi ceisio ymhelaethu a gweithio drwy'r teimladau o anobaith cychwynnol ac efallai archwilio'r daith tuag at deimlo emosiynau eraill ac at ddod i ddeall pethau'n well. Diolch am gystadlu.

Orffews, 'Ar wahân': Cyfres o gameos byrion a geir yn y cerddi hyn. Mae'r cerddi'n creu clytwaith o ddarluniau o unigrwydd, bod ar wahân a deall nad ydym ni yn y byd hwn am byth, ein bod ni wedi'n gwahanu gan y cenedlaethau mewn rhai achosion, bod y ddinas yn fan ble ceir ymddieithrio. Mae'n ymgiprys gyda'r cysyniad o amser, o adael, o aros, o fod yn y presennol, o fod yn ymwybodol o'r cyfan sydd o'n hamgylch ni, ac eto, mewn parc yn y ddinas ynghanol pobl, mae'r bardd yn teimlo ar wahân. Ceisia estyn yn ôl drwy amser drwy ysgrifennu i wneud synnwyr o bethau. Caf y teimlad nad yw'n siŵr a yw'n llwyddo ai peidio. Y mae teimlad lleddf i'r gyfres hon o gerddi, sy'n dra effeithiol yn eu hamryw bortreadau, er i mi deimlo weithiau nad yw'r mynegiant barddonol yn llifo cystal drwy gydol y dilyniant.

Llias, 'Ar Wahân': Darlun o stryd a geir yn y casgliad hwn: mae pob tŷ â'i stori a phob stori ar wahân yn hollol er eu bod ynghlwm am eu bod ar yr un stryd. O'r darlleniad cyntaf, hoffais y gyfres hon o gerddi'n fawr: mi oedd camu dros riniog pob tŷ yn syniad gogleisiol a difyr. Mae yma hiwmor, mae yma ysgrifennu craff a dwys hefyd sy'n adlewyrchiad o'r cyfnod cloi a brofwyd, ac mae yma feirdd sy'n dianc o dudalennau eu cyfrolau liw nos. Rhyddid! Teimlais fod y bardd hwn yn hynod alluog ac yn codi i dir uwch – mi ydw i'n ystyried bod y cerddi hyn wedi cyrraedd y Dosbarth uwch.

Gwlad y Menig Gwynion, 'AR WAHÂN': Mi gredaf bod fy hoff linell o'r holl gystadleuaeth yn digwydd yn y casgliad hwn, sef: 'Ma' rhyw gath yng nghhwbwrt pawb.' Cerddi perthyn yw'r rhain er bod gagendor rhwng y cenedlaethau – ewythr a nai sydd yma. Mae gan y bardd hwn ddawn dweud diamheuol a gafael sicr ar droeon ymadrodd ardderchog. I mi, mae'r cerddi hyn yn dod i'r brig yn y gystadleuaeth.

Ap Iago, 'AR WAHÂN': Cyfres o ddarluniau gwahanol yw'r cerddi hyn sy'n dangos agweddau gwahanol ar golled. Yn yr adran gyntaf, yr ydym mewn ysbyty ar gyfer merch ifanc, yna mewn angladd gan gofio 'nôl i'r gorffennol – yna mewn breuddwyd sy'n cymryd rhywun yn ôl i'w blentyndod. Wrth symud ymlaen yn yr ail adran, mae'r cerddi'n digwydd yn ardal Aberystwyth yn hytrach nag ardal Aberteifi'r rhan gyntaf ac at gariad a pherthynas. Mae'r drydedd ran yn sefyll mewn mynwent yn Fflandrys yn cofio'r miloedd a fu farw gan adael dim ond eu henwau ar ôl ar gerrig beddau. Mae'r môr a'r twyni tywod ger y môr yn Aberteifi'n galw hefyd a darlun atgofus o gerdded y glannau. Yn y bedwaredd ran ceir cameo ingol o ferch ysgol sy'n boendod i'w dysgu, ond wêl neb y bywyd ofnadwy sy'n ei disgwyl hi adre. Yna, cerdd i'r wyrion i orffen, ble mae'r bardd yn dychmygu camu mas o'r tu ôl i'r sgrin a chwrdd â nhw yn y cnawd a cherdded yr hen lwybrau eto. Mae gan y bardd allu diamheuol i greu naws a chreu darlun; efallai bod yma ormod o senarios gwahanol gan greu casgliad o gerddi sy'n teimlo weithiau nad ydynt yn perthyn i'w gilydd, ond dyma fardd galluog.

Crwydryn, 'Ar wahân': Chwe cherdd sy'n dangos agweddau ar unigedd a geir yma. Cawn ddarluniau dirdynnol o bobl sydd ar wahân: sgyrsiau rhithiol ar ddêt drwy sgrin; plentyn ysgol sydd ar y sbectrwm a phawb yn siarad dros ei ben; criw o dri phlentyn uwchradd sy'n aros gyda'i gilydd y tu allan i wasanaeth yr ysgol am resymau cred; y cwlwm perthyn sydd rhwng 'yncl ac anti'n perthyn dim' ond yn llawn cariad i'w clymu ynghyd; rhywun yn gwrthod cyfle am sgwrs dros Zoom er mwyn bod ar eu pen eu hunain; ac yn olaf disgrifiad o daith a ysgogwyd gan gyhoeddi cyfrol John Sam Jones, *The Journey is Home*. Casgliad hyfryd a huawdl o gerddi y buaswn i'n eu gosod yn y Dosbarth uchaf.

Erwain, 'Ar wahân': Llais merch sydd yn y casgliad hwn, llais merch Fabinogaidd, sy'n siarad â dyn y bu mewn perthynas ag ef. Mae'n llais clir, cryf, gloyw. Mae'r casgliad yn atseinio'r Pedair Cainc ac mae'n canu, yn diasbedain, ac eto mae'n gyfoes. Cyfres huawdl sy'n cyrraedd y Dosbarth uchaf; dyma oedd un o fy hoff gasgliadau, roedden nhw'n siarad â mi.

Mop, 'Ar wahân': Casgliad o gerddi am fyw yn y ddinas a geir yma. Mae'r cerddi unigol yn dadansoddi beth yw dinas mewn modd fforensig bron a phob teitl i bob cerdd fel teitl ar bennod mewn nofel, yn weddau gwahanol ar y profiad o fod ar wahân ymhlith pobl. Caerdydd yw'r ddinas. Mae teimlad dirfodol i'r cerddi hyn: y dieithrio sy'n medru digwydd mewn dinas, yr angen am gwmni, yr unigedd, y llesgedd, y perthyn, y gwylio o bell-agos, y teimladau sy'n garbwl i gyd. 'Peth pobl yw dinas.' Yno mae'r holl eneidiau, yr holl ddyheadau yn byw blith draphlith; mae'n berthynas caru-casáu, gymhleth. Y mae hiwmor yma hefyd, a hynny'n gynnil, chwareus. Mae'r dyhead am fynd o dan groen y ddinas yn gryf, mae'r bardd am dwrio ymhellach i lawr o dan y seiliau tuag at yr hyn oedd yno cyn hyn oll er mwyn dod i'w hadnabod hi'n well, ac efallai mai dros dro y bydd dinas yno wedi'r cyfan. Dyma gyfres o gerddi trydanol, cyhyrog, deallus; mae'r bardd yn ddiwastraff yn ei ddefnydd o eiriau a'i fynegiant. Mae ganddynt undod pendant ac maent yn creu casgliad amlhaenog, aeddfed o gerddi sy'n haeddu eu darllen sawl gwaith o'r bron. Casgliad sy'n cyrraedd y Dosbarth uchaf yn ddiamheuol yw hwn.

Roedd y cerddi yr oedd y tri ohonom yn eu dewis fel y rhai a oedd yn teilyngu bod yn y Dosbarth uchaf yn amrywio: does dim fel chwaeth beirniad, nac oes? Ond rhaid dewis ac felly yr ydym oll yn gytûn mai *Mop* sy'n llawn haeddu'r Goron eleni am gyfres o gerddi cyfoes, cyhyrog, tanbaid. Llongyfarchiadau.

Englyn: Colli

COLLI

A Dai wedi distewi, y mae bwlch
  am byth, a thrwy'n gweddi
ac wylo'n hallt gwelwn ni
ei le'n rhy wag i'w lenwi.

Dai Pendre

BEIRNIADAETH GWENALLT LLWYD IFAN

Twm Tryfan: Pennill a gafwyd gan y bardd hwn. Yn anffodus, nid oes un llinell o gynghanedd ynddo. Awgrymaf y gall *Twm Tryfan* fynychu dosbarth cynganeddu gan ei fod yn medru dweud pethau'n ddigon pert.

Llygad Dyst: Englyn i un a ddioddefodd drais ar aelwyd sydd yma. Hoffais y ddelwedd o'r ferch yn ciledrych mewn drych a chofio'r hyn a ddigwyddodd iddi. Mae'r ferch yn beichiogi ac os dw i'n deall yn iawn, yn dewis erthyliad. Englyn trawiadol ag iddo glo trawiadol '... erthylodd'. Efallai bod y clo yn llai awgrymog na gweddill yr englyn.

Dros y ffin: Englyn storïol am ddamwain car. Dw i'n cymryd mai *veil* a olygir wrth 'fêl' yn y llinell gyntaf. Y 'colli' yw'r wraig yn colli ei gŵr trwy ddamwain yn yr englyn cywir hwn. Mae'r englyn yn un uniongyrchol a fyddai o bosibl ar ei ennill o greu delwedd gref i gyfleu yr hyn a olyga'r bardd. Yn y llinell lusg sy'n cynnwys 'car' a 'carlam', buasai ateb yr 'l' yn cryfhau'r gyfatebiaeth gytseiniol.

Y Fwyalchen: Cwestiwn o englyn sydd gan y bardd hwn. Rhaid i mi gyfaddef bod angen mwy o allwedd arnaf i ddeall yn iawn beth mae'r bardd am ei ddweud. Mae ganddo linell glo gref ond yn anffodus mae gwall yn y gynghanedd yn y llinell gyntaf.

Camlan: Englyn am angau dw i'n tybio sydd gan y bardd hwn. Rwy'n tybio taw dyna mae'n ei olygu gyda'r gair 'Du' yn ei ddiweddglo. Yn anffodus, mae ei linell gyntaf yn wallus. Mewn englyn ar destun difrifol, mae'n anodd cyfiawnhau gair fel 'pethma'.

Wedi danto: Englyn addawol iawn yw hwn. Mae'r bardd yn digalonni ein bod fel hil yn hiraethu am '... niwl hen arwriaeth'. Mae'n dweud ein bod yn 'cuddio yn ein geto'n gaeth' – trueni nad arhosodd yn driw i sillafiad *ghetto*. Mae'n cloi gyda'r llinell 'aros yng ngwesty hiraeth'. Gyda mwy o gysondeb o ran cynnal delwedd, buasai gan y bardd hwn englyn da a fuasai'n deilwng o'i weledigaeth.

Beca: Englyn trawiadol iawn sy'n creu delwedd gref o fywyd pâr fel dawns y glocsen a'r gwacter sy'n bodoli o golli un ohonynt o'r ddawns. Mae'r llinell agoriadol yn taro deuddeg gyda'r 'Y clics heb glacs y clocsiau' – medrwch glywed y sŵn yn ogystal â gweld y ddelwedd. Mae'n adeiladu yn gelfydd ar y ddelwedd gyda'r alaw, rîl, tonig, tannau – cyn gorffen gyda'r llinell gynnil 'Yw bywyd un, lle bu dau'. Campus.

> Y clics heb glacs y clocsiau, ar alaw
> Hoff rîl heb y cordiau,
> Na thonig yn ei thannau,
> Yw bywyd un, lle bu dau.

Cassiopeia: Englyn yn dyheu am Eisteddfod Ceredigion a geir gan y bardd hwn: englyn cywir sy'n cloi yn gryf. Nid wyf yn siŵr bod y paladr cystal gan mai ailadrodd y mae. Nid wyf yn siŵr bod y llinell 'y daw Awst o hyd i'w iaith' yn taro deuddeg chwaith. Ai awgrymu mae'r bardd bod bro'r Eisteddfod a mis Awst yn ddi-iaith heb yr Eisteddfod? Yn sicr, mae gan y bardd neges amserol.

Dai Pendre: Englyn coffa i'r diweddar Dai Rees Davies, gŵr annwyl iawn yr ydym oll yn ei golli. Englyn crwn a di-ffws iawn yw hwn. Mae'n gwbl ddiffuant ac yn grefftus iawn. Mae'n amserol iawn hefyd, a ninnau wedi gobeithio cael eisteddfod yn ei gynefin. Ond y mae ef a'i eisteddfod ill dau yn absennol. Mae'r goferu dros linellau yn arwydd fod yma grefftwr ar waith. Englyn campus!

Olwen Rhôs: Yn anffodus, nid oes cynghanedd ym mhennill y bardd hwn. Mae gan y bardd neges i ni ond nid yw wedi llwyddo i'w chyfleu ar fesur yr englyn. Awgrymaf yn glir i'r bardd fynychu dosbarthiadau cynganeddu er mwyn deall eu hanghenion.

Emrys: Englyn yn ffarwelio ag un annwyl a geir gan y bardd hwn. Mae ychydig o ôl straen ar ei linellau, yn arbennig y llinell glo lle nad yw'r orffwysfa yn gorwedd yn gyfforddus. Mae hefyd angen acen ar y gair 'ffarwél' sy'n creu problem fach trwm ac ysgafn yn y brifodl.

Aberhiraeth: Englyn addawol iawn o ddarllen y llinell agoriadol, 'Bu'r hwyr yn Aberhiraeth ...'. Yn anffodus, nid yw'n llwyddo i gynnal y naws na datblygu'r ddelwedd yn foddhaol, sy'n drueni. Mae'r llinell glo yn ein gadael yn hongian braidd '... a gwên deg eneidiau aeth'. Mae rhywun yn disgwyl rhywbeth mwy; paham y wên deg? I ble aeth yr eneidiau? Neu ai golygu yr eneidiau a aeth o'n blaenau y mae? Mae yma addewid ond nid yw'r bardd yn ei wireddu y tro hwn.

Enw Coll: Mae'r bardd hwn yn beirniadu'r rheiny sy'n newid enwau Cymraeg i rai Saesneg. Mae ei neges yn ddigon clir ac mae'n ei mynegi yn ddigon da. Fodd bynnag, i mi mae gollwng yr 'a' mewn llinellau fel 'sy'n ddi-werth i'r Saeson ddaeth' yn wendid. Yr hyn sy'n gywir yw 'a ddaeth', ond wrth gwrs mae'r bardd angen cywasgu'r sillafau mewn llinell seithsill. Mae'n euog o'r bai hwn ddwywaith yn yr un englyn, sy'n drueni gan fod ganddo neges bwrpasol wedi ei mynegi'n dda, megis yn y llinellau hyn: '... treisio'r iaith/ trwy sarhau'n treftadaeth;/ hen enwau ein hunaniaeth.'

Hedd: Englyn i'r rhai a gafodd eu darbwyllo i wirfoddoli i fynd i Ffrainc i ymladd yn y Rhyfel Byd Cyntaf. Mae'n sôn am y gweinidog yn 'Fu'n galw'u gwasanaeth ...'. Mae'r gystrawen yn yr esgyll yn adleisio 'gwŷr aeth Gatraeth'. Englyn crwn sy'n ddigon effeithiol heb ddod ag unrhyw beth newydd i'w destun. Efallai bod ychydig o ôl straen fel yn yr uchod gyda'r 'u' yn cywasgu'n annaturiol i'r sŵn 'w' yn 'galw'.

Befan: Pennill ar siâp englyn a gafwyd gan *Befan*. Nid oes llinell o gynghanedd ynddo a rhaid i mi ymddiheuro am nad wyf yn deall ei neges chwaith. Awgrymaf y dylai *Befan* ymuno â dosbarth cynganeddu er mwyn dysgu anghenion y gynghanedd a mesur yr englyn.

Befan 2-5: Yn y casgliad hwn o bedwar pennill gan yr un *Befan* (am wn i), yr un yw'r neges ag i *Befan*. Nid oes yma linell o gynghanedd. Mae yma ryw ddigrifwch yn ei benillion sy'n atgoffa dyn o limrig – sy'n beth tra gwahanol i englyn, wrth gwrs. Mae angen i *Befan 2-5* fynychu dosbarth cynganeddion.

Robin: Cwestiwn ar ffurf englyn sydd gan y bardd hwn. Mae'r gynghanedd yn gywir er yn dibynnu ar gynghanedd draws gyferbyn yn y llinell wyth

Enillwyr Prif Wobrau
Eisteddfod AmGen 2021

Dyma gyfle i ddod i adnabod
enillwyr gwobrau mawr
yr Eisteddfod

CADAIR A CHORON
Eisteddfod AmGen 2021

Fel arfer, mae Tony Thomas, Swyddog Technegol a chrefftwr yr Eisteddfod, yn gweithio ar brosiectau enfawr fel y llythrennau eiconig sy'n sillafu'r gair 'Eisteddfod' neu'r pyrth haearn hardd sydd i'w gweld ar gyrion y Maes. Eleni, a hithau'n Eisteddfod go wahanol, mae Tony hefyd wedi cael her wahanol iawn: i greu Cadair a Choron Eisteddfod AmGen, a hynny o weithdy'r Eisteddfod yn Llanybydder.

Nid ar chwarae bach mae creu Cadair a Choron ar gyfer yr Eisteddfod Genedlaethol, ac mae Tony wedi bod wrthi'n brysur yn y gweithdy yn creu cynllun ac yna'n adeiladu prototeip cyn cychwyn ar y gwobrau go iawn.

Mae'n defnyddio pren onnen ar gyfer y Gadair. 'Ro'n i am i'r Gadair gael ei chreu o bren golau,' meddai. 'Mae'n bren cryf iawn ac yn hyblyg hefyd, ac yn berffaith ar gyfer creu Cadair yr Eisteddfod. Ry'n ni wedi bod yn lwcus hefyd i gael y pren yn lleol, ac mae'n braf meddwl bod y Gadair yn cael ei chreu o fewn ychydig filltiroedd i'r lle y syrthiodd y coed ychydig flynyddoedd yn ôl.'

Ac mae cynllun y Gadair yn drawiadol iawn hefyd. 'Ges i fy ysbrydoli gan Gerrig yr Orsedd wrth feddwl am y cynllun ar gyfer y Gadair. Mae llafnau o bren yn codi o amgylch y sedd, yn union fel Cylch yr Orsedd ar Faes yr Eisteddfod. Ro'n i'n meddwl y byddai hyn yn gweddu ar gyfer y Gadair, gan y bydd hi'n cael ei chyflwyno mewn seremoni Orseddol.

'Mae elfen arall i'r cynllun hefyd, gyda'r Cerrig hefyd yn cynrychioli llaw, a honno'n cofleidio'r enillydd, wrth iddo fo neu hi gael ei gadeirio gan yr Archdderwydd, gyda'r syniad o ofalu am ein traddodiadau a'n diwylliant ni yn rhedeg drwy'r cynllun.'

Gan mai Tony sy'n gyfrifol am greu'r Gadair a'r Goron eleni, am y tro cyntaf mae cysylltiad pendant rhwng y ddwy wobr. Dywed, 'Ro'n i'n teimlo y byddai'n beth braf i'r ddwy wobr berthyn i'w gilydd, gan fod eleni'n Eisteddfod wahanol, a chan fod y ddwy wobr yn cael eu creu gan yr un person.

'Yn debyg i'r Gadair, mae'r syniad o Gerrig yr Orsedd i'w weld ar y Goron hefyd, ac eto, mae'r cysyniad o'r llaw yn gafael o amgylch yr enillydd i'w weld yn glir yma. Mae'r cynllun yn syml ac yn effeithiol, a phopeth yn cael ei wneud â llaw.'

Mahogani yw'r prif bren yn y Goron, gydag elfennau wedi'u creu o dderw Cymreig, ac yn ôl Tony, mae creu'r Goron wedi bod yn waith manwl a gofalus iawn:

'Mae'r Goron wedi cael ei chreu gyda llaw, ac mae'n braf cael dychwelyd at y ffordd draddodiadol o weithio, a ninnau'n defnyddio cymaint o beiriannau ar gyfer popeth heddiw.

'Mae'n dipyn o her creu Coron o bren. Wrth weithio gyda metel, mae rhywun yn gallu'i ailsiapio fe os yw rhywbeth yn mynd o chwith, ond mae'n rhaid i bopeth fod yn iawn y tro cyntaf wrth weithio gyda phren, neu mae'n rhaid dechrau eto. A does dim sgriwiau na hoelion yn agos at y Gadair na'r Goron. Mae popeth yn ffitio gyda'i gilydd yn union fel y dylai fod.'

Noddir y Gadair gan gwmni J & E Woodworks Cyf., Llanbedr Pont Steffan.

GWENALLT LLWYD IFAN
ENILLYDD Y GADAIR (AmGen)

Ganwyd a magwyd Gwenallt Llwyd Ifan ym Mhenrallt, Tregaron, lle mynychodd Ysgol Gynradd Tregaron ac wedyn Ysgol Uwchradd Tregaron. Ar ôl graddio mewn Bioleg Macromolecular, aeth i Brifysgol Aberystwyth i gymhwyso fel athro Gwyddoniaeth, Bioleg a Chwaraeon. Bu'n athro yn Ysgol Maes Garmon, Yr Wyddgrug, cyn symud i Ysgol David Hughes, Porthaethwy, i weithio fel Pennaeth Bioleg yn 1995.

Yn y flwyddyn 2000 symudodd yn ôl i Geredigion ac i bentref Tal-y-bont. Daeth yn Ddirprwy Bennaeth Ysgol Bro Ddyfi, Machynlleth, a bu yno hyd nes y penodwyd ef yn Bennaeth Ysgol Uwchradd Tregaron, ei hen ysgol, yn 2003. Yn 2009, penodwyd ef yn Bennaeth Ysgol Gyfun Gymunedol Penweddig, Aberystwyth, ac yn dilyn ei ymddeoliad o'r swydd honno yn 2018, daeth yn hyfforddwr athrawon Gwyddoniaeth, Cemeg a Bioleg ym Mhrifysgol Aberystwyth.

Tra'n byw yn Ninbych, mynychodd Gwenallt ddosbarthiadau cynganeddu John Glyn Jones. Enillodd nifer o gadeiriau am ei farddoniaeth ac yn 1999, enillodd Gadair Eisteddfod Genedlaethol Môn am ei awdl 'Pontydd'. Ef yw capten tîm Talwrn y Beirdd Tal-y-bont ac mae hefyd yn aelod o dîm Ymryson y Beirdd Ceredigion. Cyhoeddwyd nifer o'i gerddi mewn gwahanol gyhoeddiadau a chasgliadau a chyhoeddodd ei gyfrol gyntaf o farddoniaeth, *DNA*, yn 2021. Yn Eisteddfod Genedlaethol Sir Conwy 2019 enillodd Dlws Coffa John Glyn Jones, ei hen athro barddol, am 'Englyn y dydd' gorau'r wythnos.

Ei ddiddordeb mawr arall yw pysgota â phlu. Cynrychiolodd Gymru nifer o weithiau ar lynnoedd ac afonydd ledled yr ynysoedd hyn a thramor a bu'n bencampwr rhyngwladol Prydain ac Iwerddon ar ddau achlysur. Hefyd, mae'n rhedwr brwd a gwelir ef yn aml yn rhedeg ar hyd llwybrau ardal Tal-y-bont.

Mae'n briod gyda Delyth ac mae ganddynt fab a merch, Elis ac Esther.

DYFAN LEWIS
ENILLYDD Y GORON (AmGen)

Magwyd Dyfan yng Nghraig-cefn-parc. Aeth i Ysgol Gynradd Felindre ac Ysgol Gyfun Gymraeg Bryntawe, cyn astudio'r Gymraeg ym Mhrifysgol Caerdydd.

Yn 2018, dechreuodd rannu ei waith creadigol gyda phamffled o gerddi a ffotograffau o'r enw *Golau*. Y flwyddyn honno hefyd enillodd ar y stori fer ac ar yr ysgrif yn Eisteddfod Genedlaethol Caerdydd. Daeth *Mawr*, pamffled arall o gerddi, yn 2019, a'r llynedd cyhoeddodd gyfrol o ysgrifau taith, *Amser Mynd*, ar ôl derbyn ysgoloriaeth gan Lenyddiaeth Cymru. Mae'n cyhoeddi ei waith drwy ei wasg ef ei hun – Gwasg Pelydr. Mae'r wasg bellach yn curadu creiriau.cymru, labyrinth celfyddydol ar y We sy'n croesawu cyfraniadau gan artistiaid o bob math.

Mae'n diolch i Efa, i'w rieni Angharad ac Emyr, ac i Owain ac Esyllt am eu cefnogaeth gyson.

Erbyn hyn mae'n byw yn Grangetown, Caerdydd, ac yn gweithio i Ynni Cymunedol Cymru, mudiad sy'n ceisio sicrhau perchnogaeth gymunedol o ynni adnewyddadwy, er mwyn cadw buddion ein hadnoddau naturiol o fewn cymunedau Cymreig.

LLEUCU ROBERTS
ENILLYDD GWOBR GOFFA DANIEL OWEN
A HEFYD Y FEDAL RYDDIAITH

Cardi o Lanfihangel Genau'r Glyn (neu Llandre o roi ei ffurf gwta) yw Lleucu, sy'n byw yn Rhostryfan ers bron i dri degawd bellach. Aeth i Ysgol Rhydypennau, Bow Street, ac Ysgol Penweddig, Aberystwyth, a chael ei hysbrydoli i ysgrifennu gan ei hathrawon Cymraeg, Alun Jones a Mair Evans. Graddiodd yn y Gymraeg o'r coleg ger y lli, a mynd yn ei blaen i ennill doethuriaeth am waith ar feirdd yr uchelwyr dan arweiniad ei thiwtor, y diweddar Bobi Jones.

Bu am gyfnod yn olygydd yng ngwasg y Lolfa, ond bellach, mae'n gwneud ei bywoliaeth i raddau helaeth drwy gyfieithu, i gwmni Testun Cyf yn bennaf. Dros y blynyddoedd bu'n ysgrifennu ar gyfer y radio a'r teledu, ac mae wedi gwneud gwaith sgriptio ar nifer o gyfresi drama teledu a radio.

Mae'n awdur saith nofel a dwy gyfrol o straeon byrion i oedolion, ac wyth nofel i blant a phobl ifanc. Enillodd Gadair Eisteddfod yr Urdd Pwllheli 1982, gwobr Tir na n-Og ddwy waith am ei nofelau i bobl ifanc, *Annwyl Smotyn Bach* a *Stwff*, a Gwobr Goffa Daniel Owen (am ei nofel, *Rhwng Edafedd*) a'r Fedal Ryddiaith (am ei chyfrol o straeon byrion, *Saith Oes Efa*) yn Eisteddfod Genedlaethol Sir Gâr 2014, y cyntaf i ennill y ddwy brif wobr rhyddiaith yn yr un Eisteddfod.

Cipiodd wobr Barn y Bobl Golwg 360 am *Saith Oes Efa* fel rhan o wobrau Llyfr y Flwyddyn y 2015.

Mae ganddi hi a'i gŵr, Arwel 'Pod' Roberts, bedwar o blant, ac un wyres. Mae'n cyfri ei hun yn lwcus tu hwnt iddi gael cyd-swigenna â'i hwyres fach a aned fis Hydref diwetha. Er na chafodd ei hysbrydoli i ysgrifennu llawer yn ystod cyfnod y clo, mae'n dweud iddo ddyfnhau fwyfwy ei gwerthfawrogiad o gwmni ei theulu.

GARETH EVANS-JONES
ENILLYDD Y FEDAL DDRAMA (AmGen)

Un o Draeth Bychan ger Marian-glas, Ynys Môn, yw Gareth ac mae'n ddarlithydd mewn Astudiaethau Crefyddol ym Mhrifysgol Bangor.

Fe'i haddysgwyd yn ysgolion Llanbedrgoch, Goronwy Owen, Benllech, a Syr Thomas Jones, Amlwch, cyn mynd i Brifysgol Bangor i astudio am radd BA mewn Cymraeg ac Astudiaethau Crefyddol. Dilynodd gwrs MA mewn Ysgrifennu Creadigol yn 2014 a chwblhaodd ddoethuriaeth yn 2017, a oedd yn ystyried ymatebion crefyddol y Cymry yn America i fater caethwasiaeth yn ystod y cyfnod 1838-1868. Cyhoeddir y thesis maes o law gan Wasg Prifysgol Cymru.

Cyhoeddodd ei nofel gyntaf, *Eira Llwyd*, yn 2018 a golygodd gyfrol o straeon byrion bach a gyhoeddwyd eleni, sef *Can Curiad*. Mae wedi cyfrannu straeon byrion, darnau o lên micro, a cherddi i wahanol gyfnodolion a chyfrolau, gan gynnwys *O'r Pedwar Gwynt* ac *Y Stamp*; ac mae wedi llunio dramâu ac ymgomiau ar gyfer Theatr Fach, Llangefni; criw Brain, Cwmni'r Frân Wen; a Theatr Genedlaethol Cymru.

Mae Gareth wedi bod yn ffodus iawn i ennill ychydig wobrau am ei waith llenyddol, gan gynnwys 'Y Ddrama Orau yn yr Iaith Gymraeg' gan Gymdeithas Ddrama Cymru yn 2010 a 2012, Medal Ddrama'r Eisteddfod Ryng-golegol 2012, Coron Eisteddfod Môn 2016, Medal Ryddiaith Eisteddfod Môn 2019, a Medal Ddrama Eisteddfod Genedlaethol Sir Conwy 2019 am ei ddrama *Adar Papur*.

Ynghyd â llenydda, mae'n ymwneud â gwahanol fudiadau lleol: mae'n ysgrifennydd Eisteddfod Ieuenctid Marian-glas a Chymdeithas Lenyddol Bro Goronwy, yn ogystal â bod yn un o gyd-gyfarwyddwyr artistig Theatr Fach, Llangefni.

Mae ei ddiolch yn fawr i amryw am bob cefnogaeth ac anogaeth; yn enwedig felly ei fam, ei deulu a'i ffrindiau; tîm Talwrn Y Chwe Mil; ac Angharad Price, Manon Wyn Williams, Aled Jones Williams, a Jerry Hunter.

sill agoriadol sy'n rhoi tipyn o fwlch rhwng y gyfatebiaeth. Peth bach, ond mae'n amlwg mewn englyn unodl union. Mae'r bardd yn gofyn y cwestiwn rhethregol: onid rhywbeth i ddysgu oddi wrtho yw camgymeriad yn hytrach na rhywbeth i ddal dig neu bwdu ynglŷn ag ef? Efallai bod defnyddio 'dal dig' a 'phwdu' yn ddau beth tebyg ac y buasai'r bardd wedi medru dod o hyd i eiriau eraill.

Giff Gaff: "'Helo" a thipyn o "Salom"' yw llinell agoriadol y bardd hwn. Dw i'n cymryd mai yr un ystyr â 'Shalom' yw Salom, sef cyfarchiad Iddewig. O weddill yr englyn, rwy'n casglu mai neges y bardd yw y dylai pobl siarad er mwyn rhoi terfyn ar drais. Mae'r ffugenw yn awgrymu hynny hefyd. Mae ei linell 'lle trig bai a lle trig bom' yn awgrymu hynny hefyd ond dw i'n siŵr y gellir osgoi yr arferiad o ailadrodd er mwyn cyfleu'r neges. Gwanhau mae'r englyn yn y llinell glo. Englyn addawol na wireddodd yr addewid hwnnw y tro hwn.

Cai Carling: Englyn i'r flwyddyn goll oherwydd y pandemig sydd gan y bardd hwn; neges bwrpasol ac amserol, wrth gwrs. Byddai'r llinell lusg agoriadol, er yn dderbyniol, yn gryfach pe bai'r bardd yn ateb y ddwy gytsain yn y gair 'unigryw'. Yn anffodus, mae'r drydedd linell yn wallus hefyd. Angen gwirio rheolau'r gynghanedd sydd ar yr englynwr hwn.

Casio: Englyn gwahanol yw hwn i un nad yw'n hawlio'i hun i fod yn wryw nac yn fenyw; testun gwahanol, mae'n siŵr. O ran techneg a chrefft, mae'r llinell gyntaf braidd yn drwsgl o ran yr orffwysfa: 'O'i eni roedd yn ddiryw.' Mae'r orffwysfa yn disgyn yn naturiol ar ôl 'eni', ond mae angen i'r orffwysfa ddisgyn ar ôl 'roedd' er mwyn cynganeddu gyda 'ddiryw'. Mae hynny'n gwneud y llinell yn un bendrom hefyd.

Oen Swci: Pennill gydag ambell linell yn ymdebygu at gynghanedd a gafwyd gan y bardd hwn. Fodd bynnag, nid yw'r rheolau wedi gwreiddio ynddo eto, ac awgrymaf iddo fynychu dosbarth cynganeddion er mwyn dysgu hanfodion y gynghanedd a mesur yr englyn unodl union.

Ward 1: Englyn i un sy'n treulio amser mewn ysbyty yn disgwyl newyddion neu driniaeth yw hwn. Mae'n creu naws digamsyniol ac yn ein gadael ni gyda llinell awgrymog 'a llaw un sy'n cau'n lenni [*sic*]'. Trueni am y camgymeriad teipio yn y llinell olaf: 'cau'n llenni' mae'r bardd yn ei olygu, wrth gwrs. Mae'r gwall hwn yn dryllio ei gynghanedd, yn anffodus.

Hawdd Cynnau Tân: Mae'r ffugenw awgrymog yn ein harwain ni at destun yr englyn, sef chwant am y caru a fu rhwng dau berson hŷn. Mae'r gynghanedd lusg yn y llinell gyntaf, 'deuawd ... gwely cnawdol', yn awgrymog ac yn creu darlun. Yn anffodus, nid yw'n cynnal y ddelwedd yn yr esgyll a gellir cloi'r englyn yn gryfach. Peth bach arall yw ei fod yn ateb dwy 'd' sy'n agos at ei gilydd ac yn creu sŵn 't' yn llinell 3 gyda 'd'.

Angof: Englyn clyfar yw hwn gan fardd sy'n gweld posibiliadau iaith lafar yn y cynganeddion. Mae'n defnyddio troadau ymadrodd megis 'gael-o' fel gair diacen. Defnyddia'r un ddyfais yn ei linell glo gyda'r ymadrodd 'oedd-o'. Englyn am rywun yn chwilio a chwilio am rywbeth ond wedyn yn sylweddoli ei fod wedi anghofio beth yn union roedd yn chwilio amdano. Mae'r awgrym yma taw englyn (er mor smala ydyw) i un sy'n colli cof sydd yma. Os oes gwendid, mae hwnnw yn y llinell lusg agoriadol lle mae'r rhagodl yn agos iawn at y brifodl mewn llinell wyth sillaf. Englyn da, serch hynny.

La douleur exquise: Englyn da i'r dolur hwnnw y mae rhywun yn ei deimlo pan fyddant yn caru rhywun na fedrant ei gael/ei chael. Mae'n englyn cryf sy'n creu darlun o wrthrych y serch yn cerdded yn y wawr a gweld tân y gwawrio. Mae'n cyffelybu hynny gyda'r gobaith ei bod/ei fod yn gweld y cariad yn tyfu 'gobeithio'. Mae'r llinell glo'n arbennig o gryf: 'a minnau? Fydda i'm yno.' Un peth bach sy'n fy mhoeni yw'r ail linell: 'yn creu tân gobeithio.' Rwy'n teimlo y dylai fod atalnod ar ôl 'tân' er mwyn yr ystyr. Englyn cryf, serch hynny.

Colli Gafael: Cariad yw thema'r bardd hwn. Mae'n dyheu am weld ei gariad ar ôl treulio un noson gydag ef/hi. Mae'n ailadrodd 'un noson' sawl gwaith yn ei englyn gan roi arwyddocâd gwahanol iddo bob tro, cyn cloi gyda'r llinell 'Un noson. Pryd mae'r nesaf?' Englyn crwn er nad yw'r cynganeddu'n orchestol. Mae'n dweud ei stori'n dda, er efallai y gallai fod mwy na hynna o gic yn y llinell glo.

Robin Goch: Colli cwmnïaeth ac unigrwydd yw testun y bardd hwn. Mae'n gweld yn y Robin Goch gariad di-fai a diamod. Mae 'cariad/ sy'n curo pob cysgod' yn gryf iawn. Dim cystal, yn anffodus, yw'r llinell glo: 'A neb yn wyneb nabod.' Rwy'n siŵr y gall y bardd ddod o hyd i well ffordd o ddweud hyn. Trueni; mae ganddo englyn addawol iawn.

Atgof: Mae'r bardd hwn yn mynd â ni i'r ras i'r gofod rhwng America a Rwsia. Yuri Gagarin yw testun ei englyn. Ef oedd y *cosmonaut* cyntaf yn y gofod a gwblhaodd gylchred o gwmpas y byd. Y 'colli', am wn i, yw bod y gorllewin wedi colli'r ras hon i'r gofod. Digon teg, ac felly mae'r llinell glo 'y gorau oedd Gagarin' yn gwbl addas. Englyn difyr iawn ond mae ychydig o ôl straen ar y gynghanedd ar brydiau.

Eryr gwyllt: Colli gwallt yw testun y bardd hwn. Medraf uniaethu â'i bryder! Englyn ysgafn a digri iawn ac mae'r ddelwedd o un blewyn 'yn aros yn heriol ar gorun' yn gampus. Mae'r llinell glo yn deilwng o englyn o'r math hwn, hefyd: 'moeli mae'n dyddiau melyn.' Techneg slic yw defnyddio llinellau traws gyferbyn mewn englyn o fath sy'n dangos fod gennym grefftwr wrthi.

Huwcyn: *Insomnia* neu ddiffyg cwsg yw problem y bardd hwn. Cerdd yn ymbil ar i'r cyflwr fynd a gadael llonydd iddo er mwyn iddo gael cysgu. Englyn clyfar wedi ei gynganeddu'n gryf yw hwn. Mae'r modd y mae'n personoli'r cyflwr yn ddigon clasurol, a pheth da yw hynny. Dyma ddehongliad gwreiddiol o'r testun, rhaid dweud. 'Rho im awr o ymwared.' Da iawn. Gwendid, efallai, yw bod angen cyflwyniad ychwanegol fel rhan o'r testun er mwyn esbonio mai *insomnia* yw'r gwrthrych.

Amlhaenog: Mae'r bardd hwn yn defnyddio yr un llinellau, bron, â *Huwcyn* yn ei englyn. Y tro hwn ei 'gred' yw gwrthrych y gerdd. Mae'n englyn cywir gyda thestun da. Trueni nad adeiladodd ddelwedd gref i mewn i'r paladr gan weithio tuag at ei linell glo yn fwy delweddol. Englyn da arall, serch hynny.

Diolch i'r beirdd i gyd am gael darllen eu gwaith. Mae llawer un wedi fy mhlesio'n fawr a braf gweld bod cynifer am fentro i'r gystadleuaeth.

Yn y pen draw, chwaeth bersonol yw beirniadaeth a hynny wedi ei adeiladu ar ben sylfeini crefft yng ngwaith y cyfansoddwyr. Rwyf felly'n gosod dau ar y brig, sef *Beca* am yr englyn trawiadol yn cymharu bywyd pâr i ddawns y glocsen a *Dai Pendre* a'i englyn campus i gofio Dai Rees Davies. Dau englyn crefftus a darodd ddeuddeg o'r darlleniad cyntaf. Y tro hwn, serch hynny, rwyf am wobrwyo *Dai Pendre* am ei englyn syml, diffuant a chrefftus.

AROS

Nos unig, traed-dy-sanau'n
celu'r wên, a'r cyrten cau'n
ara deg sy'n llusgo'r dydd
i waered dileferydd.

Daeth yr hwyr fel hollt i'th ran,
dy heno di dy hunan
ydyw hon, dy bader di
o lanast heb oleuni.

Ar awr gaeth, fe reda'r gwyll
ei law dawel o dywyll
dros y llwch, y drysau llwyd
a'r wal sy'n mygu'r aelwyd.

Mewn breuder llawn pryderon
yn ddi-ffael, byseddu ffôn
am ateb wyt ers meitin
gyda'th gur a'r gwydyr gwin.

Ond disgwyl hwnt i wylo'n
driw o hurt a wnei'n dy dro
yma'n awr 'run cam yn nes,
yma'n wag am un neges.

                                        Orion

Daeth naw cerdd i law mewn cystadleuaeth dda a phur wastad ei safon. Roedd yr amrywiaeth o ran cefndiroedd a deongliadau'r cerddi yn ddiddorol. Dyma sylwadau byr am bob un, yn nhrefn yr wyddor yn hytrach nag unrhyw ddosbarthiad teilyngdod.

Animal: O'r holl gerddorion a fu'n brin o waith dros gyfnod y clo, y drymwyr gafodd y slap waethaf oherwydd (yn wahanol i delynorion neu bianyddion, dweder) ni fu'r un cyfleoedd iddyn nhw roi perfformiad unigol ar y radio neu'r cyfryngau eraill. Yr aros hir ac annheg am gìg er mwyn cael 'rat-a-tatio' yn wyllt unwaith eto ydy cri'r gerdd. Cwpledi wyth sill (cyhydedd fer) ydy'r mesur, a dyma enghraifft dda o'i ganu: '... distawrwydd fu ar ddyrnu'n ddig,/ Corona yw'r curo unig.' Llwyddodd ei arddull agos-atom i ennyn cydymdeimlad at sefyllfa 'y clên di-wa'rdd eu clindarddach'. Sylwais ar un llinell naw sill. Cynnig da.

Brodor: Achosodd cerdd *Brodor* gryn benbleth i mi. Ar un llaw, ceir awgrym o feudwy crefyddol yn cyflwyno ei siant-weddi i'r Arglwydd tra'n aros am ddydd ei alw. Ar y llaw arall, gall fod yn fwyalchen neu gantor arall yn hawlio llwyfan brig coeden ac – 'yn rhannu dawn uwch darn o dir' – â'i gân fel molawd i'r greadigaeth y mae'n rhan ohoni. Gall fod esboniad arall. Pa 'run bynnag yw'r 'un â'i gorff yn gân i gyd', mae'n ddirgelwch i mi, ac rwy'n ymddiheuro i'r bardd os collais fy ffordd at yr ystyr. Dyma gynganeddwr glanaf y gystadleuaeth.

Gwaddol: Mae ôl cynllunio gofalus ar y gerdd hon, sy'n cyfleu sut mae rhuddin teuluol yn cydio safbwynt ac arferion tair cenhedlaeth. Chwalodd y tad yr hen gartref i'w 'ryddhau i'r haul' gan ddal 'Onid sail yw'r adfeilion?/ Ar eu sail cwyd yr oes hon'. A heddiw, mae ei ferch yn gwylio'i mab bach wrth ei chwarae, yn creu adeilad ei ddychymyg: 'Yn ei le, gwelaf lego/ A chrwt taer yn dechrau 'to.' Nid glynu at y gorffennol, ond greddf i symud ymlaen ydy'r parhad yn y cywydd syml ond crefftus hwn. Mae'n awgrymu'n gynnil bod rhaid i ni wynebu'r dyfodol yn hyderus er mwyn goroesi – er mwyn 'aros'. Cerdd orffenedig.

Jess: Yr oriau hirion, gofidus ar ôl i'w gariad fynd allan am sbri – efallai gyda dyn arall – ydy'r 'aros' yng ngherdd *Jess*. Mae'n ein rhoi ar bigau drain drwy adleisio ambell air o un englyn milwr i'r nesaf, fel 'mae'n arw', 'mae'n oer', 'mae'n oeri' ac 'mae'n oerach', a thrwy blethu'r odl '-au' drwy'r gerdd. Ond daw ei gariad anffyddlon yn ôl: 'Angen dwfn rhyngon ni'n dau/ Yn gariad.

Sibrwd geiriau ... /"Aros." "Dyna fydd orau".' Llwyddwyd i greu awyrgylch
y berthynas danbaid os ansefydlog sydd rhyngddynt, ac mae'r ddau bennill
olaf yn wych. Hawdd fyddai cywiro dau lithriad gramadegol bychan: 'Ac
ymaith' a 'ffôl' sy'n gywir.

Min-y-môr: Mi wna i gymryd mai camgymeriad anffodus oedd rhoi 'Amser'
yn deitl i'r gerdd, oherwydd trin 'aros' yn sicr y mae hi. Cartref gofal yn
ystod cyfnod y clo ydy'r cefndir, ac ar ôl hir aros, mae caniatâd i ddod i
'ymweld' drwy ffenestr gaeedig:

> Daw'r ferch at fam i'r fframyn
> a nhw nawr fisoedd yn hŷn...
>
> a'r seiniau'n gwneud rhyw synnwyr
> drwy'r gwydyr oer gyda'r hwyr.

Mae llinellau gafaelgar fel y rhain yn cyffwrdd â phrofiadau cynifer ohonom
dros y flwyddyn ddiwethaf, felly hefyd yr ofn wrth godi llaw a gwahanu
sydd yn cloi'r gerdd: 'Encilia i wâl tynged claf,/ i wâl ei ffarwél olaf.' Nid
yw angau yn oedi-aros pan ddaw'n amser. Gair benywaidd ydy 'haenen'.
Cywydd cryf ag iddo dristwch annwyl.

Nant: Stori drychinebus Meinir a Rhys, Nant Gwrtheyrn, ydy'r 'aros' yng
nghywydd *Nant*. Mae ysbryd Meinir yn dal i grio, ac yn ceisio estyn ato i
gydnabod ei ffolineb a thyngu ei chariad: 'a Rhys, fel yr arhosais/ am wedd
dwy lath, medd dy lais ...' Mae'n hyderu, beth bynnag ddigwyddodd ar
ddydd eu priodas, fod eu serch yn drech na phob drwgdybio: 'ti a fi a'n
modrwy fach/ yw'r un rhwymyn sy'n drymach.' Mae hi'n dal i aros mewn
gobaith amdano! Sylwais bod calediad sain 't' heb ei ateb yn y llinell 'ond
hawl pob cariad olaf'. Cywydd hoffus a di-straen, gyda'r stori'n gyflawn
dwt mewn 20 llinell.

Orion: Pryder difrifol rhywun yn aros am neges ffôn i ddweud 'dw i'n
iawn' sydd yng nghywydd gafaelgar *Orion*. Ni chawn wybod pwy sydd
'ar goll', ac mae hynny'n ychwanegu at dynfa'r gerdd. Ceir delweddau
cofiadwy drwyddi, fel 'Nos unig, traed-dy-sanau ...' ac 'fe reda'r gwyll/ ei
law dawel o dywyll/ dros y llwch' ar yr aelwyd, wrth iddi dywyllu tu allan.
Mae'r disgwyl am neges yn troi'n wasgfa nerfau 'gyda'th gur a'r gwydyr
gwin' wrth i wrthrych y gerdd 'ddisgwyl hwnt i wylo ... yma'n wag am
un neges'. Mi fyddai modd twtio'r mydr yma ac acw, efallai, a rhedeg y

penillion cyntaf i'w gilydd yn esmwythach, ond heb aberthu'r tensiwn. Cerdd rymus.

Tegwch: Aros am degwch i'r du ei groen, gyda llofruddiaeth George Floyd Jr yn gefndir, a ysbrydolodd gerdd gynhyrfus *Tegwch*. Symudwn o olygfa'r heddlu gorthrymus heriol 'a'r un bai'n yr hen bennod/ o ogri lliw a rigio'r lladd' at ymdaith brotest heriol dros gyfiawnder 'yn angerddol eu cân, rhesymol eu cam'. Efallai bod teimladau cryfion y bardd yn drech na'i awen ar brydiau, gan golli cynildeb y dweud, ond mae'n argyhoeddi, serch hynny. Fodd bynnag, petasai'r gerdd hon am ddod i'r brig, ni allwn ei gwobrwyo oherwydd mai am gerdd gaeth y gofynnwyd, ond cerdd rydd gynganeddol a gafwyd.

Tra'n aros ennyd: Mae'r bardd, wrth oedi i ryfeddu at wyrth natur mewn llecyn hoff, yn teimlo'n ddig oherwydd bod y ddôl ar fin mynd yn ysglyfaeth i foda o ddatblygwr: 'distaw'r wlad a distryw lu/ tros y maes yn tresmasu.' Mae ail hanner y gerdd – yn enwedig yr hir-a-thoddaid wyth llinell – yn wirioneddol dda, gyda llinellau fel:

> atal arial a gwefr y telori
> a si gwenynen yn sugno ynni.
> Muriau lle mae mieri fydd cynnydd
> a thwf ceyrydd fydd anrhaith f'aceri.

Dylid gofalu bod pedwar curiad i linell 10 sill; ni cheir hynny yn 'ond rhagflas o alanas eleni' heb ystumio'r dweud. Cerdd gyfoethog ei darluniau, a'i neges am flys dynoliaeth am dir ar draul natur yn taro cord amserol.

Fel y gellir dirnad o'r sylwadau, roedd lle i ystyried gwobrwyo nifer o'r cerddi. Ar ôl cryn grafu pen, daeth yn ddewis terfynol rhwng adeiladwaith crefftus *Gwaddol* ac emosiwn grymus *Orion*. Er ei mân wendidau, cerdd *Orion* sy'n mynd â hi o drwch blewyn, gyda chlod hefyd i'r gweddill mewn cystadleuaeth dda.

CYFFWRDD

Bu'n gefen iddynt,
pob un yn ei thro,
eu tywys yn dyner
drwy ddryswch eu gwaith.
Caredigrwydd ei eiriau wrth grwydro'r desgiau
a godai galon,
a'i negeseuon hwyrol
fu'n hwb i'w hyder bregus,
a denu ymateb.

Yn nhawelwch ei stafell,
mae yntau'n syllu ...
mae'n gwenu,
yn fodlon â'i waith.

Yna,
mae'n dewis.

Yn y gwyll

Diolch i'r deg bardd am eu telynegion. Roedd hi'n braf cael amrywiaeth o leisiau. Er i rai fy mhlesio yn fwy nag eraill, ro'n i'n teimlo fod y rhan fwyaf yn gyfforddus o fewn eu gallu a'u harddull unigol.

Olwen Rhôs: Dyma delyneg drist ar fydr ac odl. Roedd y mynegiant braidd yn astrus ar adegau a chefais drafferth ei dadansoddi. Ro'n i'n teimlo fod angen ymestyn ambell ddelwedd neu ddweud er mwyn goferu llinellau; roedd hi'n herciog braidd heb hynny. Cloff hefyd oedd odli 'tlws' a 'sws' – yr ysgafn a'r drom yn adweithiol. Roedd y gerdd ar ei gorau yn y pennill olaf wrth i'r emosiwn bwyso ar sgrin fach y ffôn.

Bodfan: Cerdd y byddai nifer fawr o bobl yn gallu uniaethu â hi o fod yn dyheu am gyffwrdd rhywun annwyl wedi cyfnod y clo. Mae hon yn delyneg daclus ar fydr ac odl yr hen benillion. Mae hi'n canu bron fel emyn ac rwy'n sicr y byddai rhywun yn cael pleser o'i darllen. Gwendid i mi o fewn cystadleuaeth fel hon oedd diffyg gwreiddioldeb o ran y delweddu; doedd dim yma wnaeth fy 'nghyffwrdd' i, yn anffodus.

Myfi: Cerdd am fynd 'ar bererindod i'th Enlli dy hun' sydd yma: dod yn ôl atat ti dy hun a chael dy gefn atat gyda chymorth awyr iach Pen Llŷn. Rwy'n gyfarwydd iawn â hynny ac yn hoff iawn o'r delyneg hon. Mae yma syniadau bendigedig, fel smyglo 'aur eithin ac arian y cesig gwyn' ac mae'r ddeialog rhwng Porthor a Phorthdinllaen yn sicr yn dal dychymyg. Mae 'na fwynhad amlwg yn y testun a'r mynegiant ac mae rhywun yn anwylo at y bardd. Ond rwy'n teimlo mai llac iawn yw'r cysylltiad â'r testun 'Cyffwrdd', os o gwbwl a dweud y gwir.

Tahiti: Hoffais benrhyddid mesur y delyneg hon ac rwy'n hoff o'r syniad o geisio cyfleu sut y mae rhywun wedi ei 'gyffwrdd' gan ddarn o gelfyddyd – yn yr achos hwn, un o ddarluniadau Gaugin. Ond os am sgwennu mewn ymateb i ddarn arall o gelfyddyd mae'n rhaid cael rhywbeth gwreiddiol neu weledigaeth newydd i'w ddweud – gall hyn ddod yn aml drwy dwrio yn benodol i brofiad personol y bardd. Awgrymaf fod *Tahiti* yn twrio ychydig yn ddyfnach.

Paul: Angen twrio'n ddyfnach i'w atgofion personol y mae *Paul* hefyd. 'Daw cyffyrddiadau ddoe/ i'm cofleidio' yw testun y gerdd ac mae hi'n canu'n ddigon hyfryd. Braidd yn gyffredin yw'r delweddu: does yma ddim sy'n teimlo'n unigryw i brofiadau'r bardd.

Moelifor: Telyneg benrhydd drosiadol yw hon yn defnyddio'r môr a byd natur i bortreadu sefyllfa cymuned sydd wedi mynd yn ddieithr dan bwysau mewnfudo. Felly y gwelais i hi, beth bynnag! Mae'r trosi yn drwm drwyddi ac mae rhywbeth am y gerdd sy'n eich swyno, ond eto roedd dafn o anesmwythder ynof i yn y defnydd o'r gair 'trofan'. Roedd 'merlen y niwl', ar y llaw arall, yn gofiadwy iawn ond roedd y rhan olaf yn gwanio o ran gwreiddioldeb, er i mi hoffi'r awgrym fod y 'dagrau'n cronni' yn symbol o obaith yn tyfu o bosib. Wedi'r holl ddadansoddi yma, doedd hi ddim yn destunol yn fy marn i a dw i'n amau y byddai hon wedi bod yn ymgais well yng nghystadleuaeth y Gerdd Rydd dan y testun 'Tonnau'.

Tamad Arall: Gallwn ddadlau mai hon yw fy hoff gerdd yn y gystadleuaeth. Llais rhiant yn siarad â'i b/phlentyn sy'n gofyn am damaid arall o gacen ar noson etholiad Arlywydd America 2020. Mae'r mynegiant yn rhwydd a'r delweddau'n chwareus, yn gwbl addas i natur sgwrs rhiant a phlentyn, ond dawn fawr y bardd yw'r gallu i fod yn dreiddgar heb golli'r donyddiaeth honno. Anffodus, felly, yw nad wyf yn teimlo fod y gerdd yn ymateb i'r testun ac oherwydd hynny mae hi'n colli ei lle gyda'r tair a ddaeth i'r brig.

Cathrig Bwt: Egyr y gerdd 'Llawdriniaeth' wrth i'r cymeriad fwytho '... lle bu'r gyllell' a'r bardd yn ei gwylio'n dyner a'r serch yn cael ei ddatgelu'n gynnil erbyn diwedd y delyneg. Rwy'n hoff iawn o lais y bardd. Mae yma hyder fel nad ydyw'n gorfod pwyso ar ddelweddau haniaethol neu drosiadau amlwg. Mae yma stori mewn ychydig eiriau a dau gymeriad o gig a gwaed. Mae'n gynnil ac yn delyneg sy'n cynnig y cyfan, bron. Ond o hollti blew, cefais fy maglu braidd gan 'Y synwyrusrwydd'. Allwn i ddim peidio â theimlo na fyddai rhan olaf y delyneg wedi gweithio'n well hebddo. Efallai mai am nad wyf yn ei ddefnyddio'n aml yr oedd yn teimlo mor chwithig i mi mewn cerdd a oedd yn canu mor rhwydd fel arall.

Y Gwas Priodas: Fel cerdd *Cathrig Bwt*, stori serch sydd yma ac mae'r stori'n dal y dychymyg. Gan ddiolch i'r ffugenw, gallwn gymryd mai cariad cudd sydd yn y delyneg hon rhwng y Gwas Priodas a'r briodferch, wedi iddynt fod mewn rhyw fath o berthynas. Mae'r delyneg yn llawn cyffyrddiadau sy'n dal y gynulleidfa yn nrama'r sefyllfa wrth i'r bardd sôn am y 'pellter gwneud' a'r gwenu sy'n 'ddideimlad o dyner'. Mae agoriad y gerdd yn wirioneddol afaelgar ond rwy'n teimlo fod angen ailedrych ar y diweddglo: mae 'dan wynder dy ddydd' yn teimlo braidd yn ddiog i mi.

Yn y gwyll: Y gerdd sinistr hon sydd wedi defnyddio'r testun yn fwyaf trawiadol. Mae natur y delyneg arferol yn cael ei defnyddio hefyd, i'ch twyllo ar y darlleniad cyntaf i gredu mai cerdd fawl ddigon symol i athro sydd yma. Ond wrth i chi ddod tua'r diwedd mae'r anghysurus yn cynnil lithro i'ch darlleniad. Mae'r 'cyffwrdd' yn dod ar ôl yr hyn a gawn yn y delyneg. Mae 'na glyfrwch yma, ac er mor sinistr yr ystyr a phlaen yr arddull, mae'n eich denu i ddarllen eto. Dyma ddawn arbennig.

Rhoddaf y wobr gyntaf i *Yn y gwyll*, yr ail i Y *Gwas Priodas* a'r drydedd i *Cathrig Bwt*.

TONNAU

Er cof am A.B.

Eog o hogyn.

Yn dy gôt *high-vis*
yn edefyn disglair o arian yn gweu
drwy ddŵr mwll bywyd.

Ond hen ddyn blin ydi Afon Anafon.
Ewyn budur
wedi casglu'n boer sbeitlyd
ar gorneli ei wefusau.

Hen ddyn chwerw sy'n rhegi ar blant
ac yn dwyn eu peli nhw,
yn eu llyncu i'w lif lliw-cwrw-budur.

A ninnau'n chwilio'n daer
rhwng y swigod a'r dŵr mwll
am yr edefyn disglair o arian
yn gweu
drwy ddŵr mwll ein bywydau.

Er cof am A.B.

62

Roedd hon yn gystadleuaeth ddigon cryf o ran nifer yr ymgeiswyr, ond heb fod cystal o ran y safon. Er bod y testun yn ddigon apelgar debygwn i, ni lwyddodd i ddenu llawer o'r beirdd rhydd a phenrhydd rhagorol a glywn ni ar y Talwrn bob wythnos. Mentrodd pymtheg, fodd bynnag: tri ar fydr ac odl, a'r gweddill yn canu'n benrhydd. Diolch i bob un am eu gwaith a dyma ychydig sylwadau ar bob un.

Dosbarth 2

Crannog: Er bod y testun yn un digon penagored, roedd yn anodd gen i ganfod sut oedd *Crannog* wedi ymateb iddo. Cawsom ddisgrifiad digon hwyliog ganddo o sut y darganfu ysgrifennu creadigol yn ystod cyfnod y clo, er bod yr 'oergell orlawn yn denu'n barhaus'. Ond mae gofyn am hunanddisgyblaeth gyda geiriau yn ogystal â bwyd – mae *Crannog* yn or-hoff o raffu geiriau sy'n cychwyn â'r un llythyren, er enghraifft 'nofel lwydaidd nithiais, nesâd niwlen neis. Na, na, nid nawr!' Ond diolch iddo am ddod â gwên i wyneb beirniad.

Cymharu: Deallais ddigon ar gerdd *Cymharu* i weld ei fod o wedi ceisio ymateb i'r testun, gan fod ynddi sôn am 'llanw', 'dŵr', a 'nofio'. Mae mydryddiaeth y gerdd hefyd yn ddigon sicr ond beth yw ei hystyr? Wn i ddim. Dyma'i bennill agoriadol:

> Dyn gwyn ar draeth i groeso,
> cans yno mae'na ddôr
> i ddynion goleuedig
> a mwy, os dod a'r Iôr.

Mae *Cymharu* yn cyfeirio yn ddiweddarach at Texas a'r Tŷ Gwyn, felly cymeraf mai'r Unol Daleithiau sydd dan sylw ganddo, ond fel arall roeddwn i ar goll. Maddeuer fy nhwpdra!

O Ble?: 'Ni sy'n rheoli'r tonnau,' meddai'r llinell agoriadol – ond gyda'r cyfeiriad at Ganiwt ar ddiwedd y gerdd, deallwn mai sylw eironig oedd hynny. Efallai y gellid gwneud hynny'n gliriach yn gynt yn y gerdd. Ac ymbalfalu oeddwn i hefyd i ddeall beth yn union oedd y 'tonnau' sy'n cael eu rhestru yng ngherdd *O Ble*? Credaf mai pobl sydd dan sylw ganddo: 'y tonnau parchusion sy'n llenwi'r sgrîn ... y tonnau prydferth sy'n colli cael eu canmol.' Ond pam tonnau? Delwedd ddiddorol ond heb argyhoeddi'r beirniad hwn, yn anffodus.

Ddoe a heddiw: Dyma ddarlun cyfoes a phositif o ddau o genhedlaeth Windrush yn syrthio mewn cariad mewn dawns – a chenhedlaeth yn ddiweddarach mae eu mab hefyd yn cyfarfod â'i gariad yntau mewn dawns. 'Bu iddynt garu a magu dau o blant,' meddai'r bardd, 'gyda'r Gymraeg yn rhan o'u magwraeth a'u hetifeddiaeth.' Dyma stori sy'n fy llawenhau – ac mae'n stori sydd angen ei hadrodd – ond yn y fersiwn hon, mae'r dweud yn sobor o ryddieithol ar adegau.

Grug: Mae'r gerdd hon yn agor gyda delwedd gref o donnau'n taro 'clogwyn du yr ymennydd' ac yna ceir defnydd effeithiol o ailadrodd i adleisio symudiad y tonnau. Ar ôl dechrau da, mae llai o egni yn y canu a diffyg sbarc yn y dweud, er enghraifft: 'Ond heddiw digwyddodd yr annisgwyl.' Synhwyraf mai profiad newydd i *Grug* yw llunio cerdd yn Gymraeg, felly dalier ati.

Teleri Edlund: Dyma gerdd arall sy'n ceisio cyfleu rhythm didostur ton ar ôl ton yn y môr, drwy ailadrodd. Mae *Teleri Edlund* wedi mentro i oerfel y tonnau fin nos, er mwyn chwalu llwch ei chariad. Mae'n gerdd ddidwyll ond byddai'n gryfach petai'n fwy cynnil; er enghraifft, ar ôl dweud fod y tonnau 'yn brifo, fel iâ yn brathu' (disgrifiad reit ffres ac annisgwyl), gellid hepgor y geiriau 'mor boenus yw cyffyrddiad y môr heno' sydd ond yn ailgyflwyno'r un syniad mewn ffordd fwy rhyddieithol. Eto, dalier ati.

Morwr Tir Sych: Canodd filanél gyda llinellau pedwar curiad ac mae'i fydryddiaeth yn sicr ei gerddediad bob tro. Dyma fardd sy'n hoffi her. Os camp yw creu llinell sy'n canu wrth ei chlywed unwaith, gymaint anos yw hi gyda'r filanél, lle mae gofyn llunio dwy linell ddigon cyfoethog i dderbyn eu hailadrodd bedair gwaith yr un. Dyma bennill agoriadol *Morwr Tir Sych*:

> Mae'n anodd torri hen gysylltiad,
> o heli'r môr fe sugnaf faeth.
> Ro'dd dod fan hyn yn gamgymeriad.

Mae'n archwilio'r dynfa sydd – rhwng symud ymlaen neu roi cynnig arall arni – pan ddaw perthynas i ben. A hynny yn erbyn cefnlen yr elfennau ar y traeth. Mae'r syniad yn dda a hefyd y *mise en scène* – ond tybed na fyddai *Morwr Tir Sych* wedi medru archwilio'i destun yn well ar fesur a fyddai'n cyfyngu llai arno?

Olwen Rhôs: 'Sibrydodd y tonnau am gariad,' meddai llinell agoriadol y gerdd, ac mae *Olwen Rhôs* yn mynd ati wedyn i wyntyllu'r syniad o sut y gall tonnau gyfleu cariad yn ei wahanol dymhorau. Ond yn absenoldeb unrhyw naratif i'r gerdd, teimlwn cyn y diwedd fod y ddelwedd hon wedi'i hen orweithio. Mae ganddi sawl llinell ddigon tlws, serch hynny. Dyw'r tonnau 'byth yn blino ar gyffwrdd y lan/ fel cariad yn rhannu cusan'. Gyda mwy o linellau fel yna (a mwy o ofal gyda'i mydryddu) gallai godi'n uwch yn y gystadleuaeth y tro nesa.

Morwylfa: Mae'n disgrifio hen forwr yn cerdded ar draeth Aberaeron: 'gwron â ffon yn gymar/ cwmpawd i atal cwmpad.' Mae *Morwylfa* yn hoff o'r gynghanedd, ond teimlaf fod hynny weithiau'n ei arwain oddi wrth yr hyn sydd ganddo i'w ddweud, yn hytrach na'i grisialu, er enghraifft: 'y bad ar werth, mae'n wrthun/ i ŵr, heliwr yr heli.' Mae'n cyfleu diflastod yr hen forwr yn ddigon effeithiol: oherwydd colli iechyd, colli cynefin, ac a oes awgrym hefyd i'r morwr gael profiad enbyd adeg y rhyfel? Efallai y gallai ergyd y pedair llinell olaf fod yn gliriach, ond mae'r llinell glo yn berl:

> Aeth hirddydd ha' yn aea',
> Dyfrdwy ddoe yn *Deep Sea*.

> Cardi ar dân yn y drin,
> dieithryn mewn cynefin.

Cranc: Ailweithio stori Cantre'r Gwaelod a wna *Cranc* gyda darlun apocalyptaidd o'r mewnlifiad – daw dial y tro hwn ar ffurf newid hinsawdd a daw'r tonnau yn ôl i 'hela'r glannau' a dysgu gwers i'r rhai a fu'n ddigon ffôl i 'blannu eu plastai ar fin y dŵr'. Mae'n gerdd fwriadol annifyr wrth iddo gystwyo'r rhai sy'n dweud fod rhaid derbyn y drefn a gwerthu'u treftadaeth; ond trueni i'r gerdd orffen mor rhyddieithol: 'Be sy? Ddim yn coelio?/ Mae ein cof yn un hir/ – fe gawn ni wenu eto!'

Dosbarth 1

Morwr: Canu'n dlws ond yn dywyll y mae *Morwr*. Mae'n hoff o eiriau fymryn yn anghyffredin fel 'gyrgoed' a 'pwllyn', ond yn creu darlun digon effeithiol o ddŵr croyw'n mynnu ymwthio i wyneb y traeth 'yn lliain llachar'. Efallai iddo gymysgu delweddau'n ormodol wrth ddweud fod y 'dŵr hwn' wedi dod 'trwy rydwelïau'r calchfaen, trwy beirianwaith y ddaear', ond at ei gilydd, mae'n gallu trin geiriau a chonsurio moment ar y traeth. Byddai'i gerdd wedi codi'n uwch fyth yn y gystadleuaeth, ond yn anffodus, ddeallais i mo ergyd y llinellau clo, 'Yn ymrafael y ddau lwydni/ mae achlust coed yn cropian hyd y sarn.'

Lowri Evans: Does dim byd yn dywyll yng nghanu'r bardd hwn, ond yn hytrach uniongyrchedd herfeiddiol. 'Dw i 'di laru ar sgwrs boleit dros beint/ crafu tin, gwenu'n ddel,' meddai. Mae'n agor a chloi drwy gyfarch Caniwt: 'Sodra dy dintws bach ciwt/ yn solat ar orsedd yn fama/ a rho sdop ar y tonna'.' Tipyn o jôc yw'r Caniwt hwn, felly, ond does dim byd yn ddoniol yn y tonnau o ddiflastod sy'n llethu bywyd y bardd, ac mae canu *Lowri Evans* yn codi i lefel uwch wrth iddi ddyheu am draeth 'lle nad oes llanw na thrai na thargedau ... lle na all 'run ewyndon o gyflogwr, o reolwr/ olchi ei orchest o gylch bodiau 'nhraed.' Ond mae angen mwy o gynildeb. Ac mae ambell linell yn afresymol o hir – dros ugain sill! – er mwyn sesbino'r gerdd i'r hyd gofynnol, mae'n siŵr. Ar ei gorau, mae'n llwyddo i gyfleu byd swyddfa drwy ddelweddau o'r traeth, mewn ffordd annisgwyl ac effeithiol. Ond mae'r diwedd, ''Na'r cwbl, Caniwt./ Diolch 'ti mêt' yn creu disgynneb ac yn tynnu oddi wrth ergyd rhan ganol y gerdd.

Pererin: Cerdd sy'n hawlio tipyn o ganfas iddi'i hun:

> Yn y tanchwa
> a roddodd fod i fyd,
> ffrwydrodd y Dim
> yn wynias.

Ar y darlleniad cyntaf, roeddwn i'n amau a oedd y gerdd yn destunol; ai 'tonnau' mewn amser sy'n dilyn tanchwa'r llinell gyntaf, tybed? Ond yn sicr, mae sawl delwedd yn y gerdd wedyn sy'n gafael: y gwacter yn troi'n 'llwch a ddawnsiodd yn yr haul' a'r ddelwedd ogleisiol hon: 'chwalodd yr aflun yn fforestydd a môr.' Gan mai hanfod 'aflun' neu 'anhrefn' yw bod ar chwâl yn y lle cyntaf, roedd hyn yn gwneud i mi feddwl am wylio ffilm o ffrwydrad yn chwarae am yn ôl – cyfrwys iawn. Llai llwyddiannus, efallai, oedd y cyfeiriad at 'boblach' yn 'llanw'r corneli'. Ar ôl trafod eangderau amser roedd hynny'n taro'n anfwriadol o gomig. Mae'r gerdd yn cloi drwy gyfeirio eto at 'y Dim' fel math o dduwdod Deistaidd – ar ôl y creu a fu, 'enciliodd y Dim i'r ebargofiant/ tu hwnt i gof/ tu hwnt i ddeall;/ a mwyach,/ nid oedd Dim yn bod.' Mae *Pererin* wedi llwyddo i greu cerdd athronyddol a safonol – ond mae gennyf f'amheuon o hyd a ydyw wedi ymateb yn ddigonol i'r testun.

Mistar Jôs: Dechreuodd yn hynod addawol: 'Mae 'na wely'n Llanidloes dan swsus o sêr a'i ddillad yn grychau a'i gwrlid yn flêr' – a chefais fy atgoffa'n syth o un o ganeuon Iwan Llwyd. Hiraeth am gariad mewn cyfnod clo yw testun y gân hon – ac yn yr ail bennill wedyn, cawn y cwpled gwirebol hyfryd hwn: 'Roedd Rhagfyr yn ifanc, ond hen oedd y tân,/ calonnau yn curo mewn cyrff ar wahân.' Mae tri phennill pedair llinell yn y gân, gyda chwpled yn cael ei ailadrodd fel cytgan ar ôl pob un. Ond yn anffodus, dyw'r cwpled hwnnw ddim cystal â'r penillion – ac mae wedi'i fydryddu'n wahanol iddynt, sy'n torri ar rediad y gân. Petai *Mistar Jôs* yn llwyddo i gynnal safon ei linellau gorau, gallai fynd â hi yn hawdd y tro nesaf.

Er cof am A.B.: Dyma gerdd orau'r gystadleuaeth, er y gellid dadlau mai 'llifeiriant afon' yn hytrach na 'thonnau' sydd ynddi. Cyfeirir at Afon Anafon, sef afon go-iawn yng nghyffiniau Abergwyngregyn, ond mae'r afon yn y gerdd hefyd yn cael ei phersonoli'n drawiadol fel hen ddyn blin a chwerw, ac mae hi'n cynrychioli llifeiriant bywyd hefyd. Diddorol oedd cyfuno 'dŵr' a 'mwll' wrth ddisgrifio'r afon – ond efallai nad oedd cyfiawnhad dros ei ddefnyddio dair gwaith mewn cerdd fer. Ond fel arall, dyma gerdd gynnil sy'n canu. Mae'n agor fel hyn:

> Eog o hogyn.

> Yn dy gôt *high-vis*
> yn edefyn disglair o arian yn gweu
> drwy ddŵr mwll bywyd.

Mae'r ffugenw *Er cof am A.B.* yn awgrymu efallai fod yr eog o hogyn yn rhywun penodol, ond ni chawn wybod mwy na hynny, dim ond mai ysbrydoliaeth ydyw i ni chwilio am edefyn tebyg o arian 'yn gweu/ drwy ddŵr mwll ein bywydau'.

Wrth ddarllen y gerdd hon a'i hailddarllen, gwyddwn 'mod i yng nghwmni bardd, a dyma'r 'edefyn disglair o arian' mewn cystadleuaeth ychydig yn ddi-fflach. Ond wrth gloriannu gwaith *Er cof am A.B.*, teimlwn hefyd fel yr 'hen ddyn blin' yn ei gerdd, am nad oeddwn yn medru deall yr union gyswllt rhwng personoli'r afon a'r eog o hogyn. Teimlwn fod rhywbeth ar goll. Yn y gerdd, mae'r afon yn 'hen ddyn chwerw sy'n rhegi ar blant/ ac yn dwyn eu peli nhw,/ yn eu llyncu i'w lif lliw-cwrw-budur.' A ddylwn innau, felly, 'lyncu peli' ac atal y wobr? Ond mae'n gerdd rhy dda i beidio â'i rhannu, ac wedi'r cyfan, chwilio am ystyr yw canolbwynt y gerdd. Felly, gwobrwyer *Er cof am A.B.* a llongyfarchiadau iddo ef, neu iddi hi .

Adran Llenyddiaeth

RHYDDIAITH

Gwobr Goffa Daniel Owen

(a osodwyd yn wreiddiol ar gyfer Eisteddfod Genedlaethol Ceredigion 2020)

Nofel heb ei chyhoeddi gyda llinyn storïol cryf a heb fod yn llai na 50,000 o eiriau

BEIRNIADAETH ALED ISLWYN

Yn eu hanfod, mae strwythur storïol cryf a llais awdur didwyll yn nodweddu pob un o'r pum nofel a ddaeth i law. Ond os am weld y pump mewn print, bydd galw am olygu gofalus a chreadigol – yn enwedig yn achos un neu ddwy ohonynt.

Amynedd, 'Gwres': Dyma'r nofel gyda chenadwri fwyaf amserol y gystadleuaeth yn ddi-os. Fe'i lleolir yn 2191, mewn dyfodol dystopaidd, yn dilyn 'Y Dinistr', pan gododd tymheredd y byd i'r fath raddau fel mai prin fu'r rhai a lwyddodd i oroesi. Er bod ôl ymchwil fanwl ar y penodau sy'n cofnodi gwaith gwahanol bwyllgorau'r drefn unbenaethol sy'n rheoli'r byd, hanes dirdynnol Tomos a'i rieni wna i ni wir werthfawrogi mor argyfyngus yw hi ar y ddynoliaeth. Pe gwelai'r awdur ymroddedig hwn yn dda i gydweithio gyda golygydd sensitif, er mwyn cryfhau'r elfen storïol a miniogi'r traethu, fe all fod yma nofel o sylwedd yn aros am ei dadeni.

Rocco Ricardo, 'Y Taliad': Wrth feirniadu'r gystadleuaeth hon ddwy flynedd yn ôl, anogodd Llwyd Owen 'yr awduron na ddaeth i'r brig … i ailymweld â'u cyfrolau' gyda golwg ar ymgeisio eto yn y dyfodol. A dyma un a wnaeth hynny'n ddiymdroi, fe ymddengys. Dechreuir yn ddigon addawol ar noson Seremoni Wobrwyo BAFTA Cymru. Pan ddaw Haf a Hywel yn ôl i gartref moethus Richie a Menna am ddiod hwyrol agorir y drws ar yr haen chwedlonol honno o Gymry Cymraeg Caerdydd sy'n ariannog a phwerus. Dyma'r Breintiedig Rai go-iawn. Edrychais ymlaen at gael fy nhywys yn ddeheuig trwy gudd gilfannau'r giwed 'barchus' hon – ac yn wir, cyn pen dim, roedd blacmel ar y fwydlen. Profiad chwerw i'r sawl dan fygythiad, wrth reswm – ond mewn nofel, gall brofi'n ddifyr i ddarllenydd. Gwaetha'r modd, ni chefais y gyfrinach y bygythir ei datguddio yn sail gredadwy iawn i flacmel. Erbyn heddiw, datgelir llawer gwaeth am bobl flaenllaw heb i neb falio botwm corn. Er cryfder y golygfeydd cychwynnol, rhyw chwythu ei blwc braidd wna'r plot – a thenau iawn yw mwgwd rhai o'r cymeriadau. Hawdd gweld ar bwy y maen nhw'n seiliedig.

Jac Ffrost, 'I'w Ddiwedd Oer': O lesni hardd Penrhyn Gŵyr i arswyd gwyn yr Antartig, mae'r nofel fywgraffiadol hon am Edgar Evans yn cydio yn y synhwyrau a'r dychymyg o'r cychwyn cyntaf. Ef, fe gofir, yw'r Cymro a drengodd gyda Capten Scott a gweddill criw y *Terra Nova* ar eu hantur drychinebus i gyrraedd Pegwn y De yn 1912. Crëir darlun telynegol o'i fagwrfa, gyda phortreadau sy'n chwareus o wamal ar brydiau o'i fam-gu a'i dad-cu – dau yr oedd yn drwm o dan eu dylanwad; dau a oedd yn rhan annatod o'i fod.

Does dim dianc rhag ffeithiau moel hanes, wrth gwrs, ond llwydda'r awdur hwn i dorri ei gŵys ei hun yn gyson, gan ddod o hyd i ogwyddau gwreiddiol ar hen ystrydebau. Eir ar drywydd ambell sgwarnog hefyd, megis y cofnod hir o helyntion François a Miriam wrth iddyn nhw hel eu pac o Gymru i Wlad y Basg, neu hanes Lizzie Anne yn straffaglu ei ffordd i lawr clogwyni peryglus i chwilio am wyau. Nid ôl ymchwil fanwl yn unig a welir yma: mae yma hefyd ffrwyth dychymyg. Asiwyd yr elfennau hyn ynghyd i greu nofel a fynnodd aros yn y cof – un a allai fod yn hynod rymus o'i chryfhau mewn mannau a gloywi'r mynegiant.

Mursen, 'Twll llygoden': Merch yn ei harddegau yn dod i ddeall anian ei rhywioldeb; cwpl canol oed sy'n dewis newid byd yn go ddramatig a gŵr gweddw'n cael ei lyncu gan *dementia*. Hanes tair cenhedlaeth o'r un teulu a adroddir yma a saernïwyd y cyfan yn gelfydd, gyda Heddiw, Ddoe ac Echdoe yn ein llywio trwy'r blynyddoedd. Un o uchafbwyntiau'r gystadleuaeth gyfan i mi yw dilyniant o olygfeydd sy'n gwrthgyferbynnu dau gwpl gwahanol yn cadw'r oed ar draeth. Yr un yw'r traeth bob tro, ond mae Glad a Gruff yno adeg yr Ail Ryfel Byd a Bethan a Gwynfor mewn cyfnod mwy diweddar. Symudir yn ôl ac ymlaen rhwng y ddwy garwriaeth yn effeithiol o sinematig – ac mae oblygiadau'r cyfarfodydd yn bellgyrhaeddol i bawb.

Gyda llond trol o gymeriadau credadwy a'r tudalennau'n pefrio gan enwau difyr y ffermydd a'r tyddynnod, megis Berllan Bella, Tyddyn Bach a Glan Ffrwd, teg tybio bod yma awdur sydd wedi hen ymdrwytho ym mytholeg 'yr hen ffordd Gymreig o fyw'. Ond gŵyr hefyd y gall dogn dda o surni fod ynghudd o dan bob melystra. Er na chefais fy argyhoeddi gant y cant gan y diweddglo sinistr, does dim amheuaeth nad yw hon yn nofel gyfoes swmpus o safon.

Ceridwen, 'Hannah-Jane': Tair cenhedlaeth o'r un teulu sydd dan y chwyddwydr yma hefyd ac olrheinir eu hanes trwy ddilyn y tymhorau dros gyfnod o ryw bymtheg mis. Yn gyflwyniad i bob pennod daw tref enedigol Hannah-Jane o dan y lach – gydag adlais o'i thafod miniog i'w glywed bob tro. Mae ganddi ferch, Susan/Suzie ac wyres o'r enw Ishi Mai. Ond yr un fwyaf blaenllaw yn ei bywyd yw ei chymdoges, Jen. Daw'n amlwg yn gynnar mai'r pedair hyn yw prif gynheiliaid y nofel afaelgar hon. Er cyfraniad Eiji, Dafydd a gwrywod eraill i strwythur y stori, y gwragedd piau hi yma, mewn gwirionedd.

Ar y cychwyn, ymddengys taw stori bur gonfensiynol, gymunedol a chysurus yw hi am fod – un am hen wreigan gysetlyd gyda chyfrinachau'n llechu yn ei gorffennol a hithau'n brysur golli'i chof ... yn ogystal â'r dydd. Ond yn raddol, amlygir dyfnder aeddfetach a hwnnw'n un digon dirdynnol ar brydiau. Diolch i'r elfen Siapaneaidd yn arbennig, cynigir perspectif gwreiddiol ar aml i sefyllfa gyfarwydd. Wrth i'r nofel fynd yn ei blaen, cefais fy hun yn troi'r tudalennau gyda mwyfwy o frwdfrydedd.

Diolch i'r pum awdur am ddeunydd darllen gwerth cnoi cil trosto. Prin fod trwch blewyn rhwng gweithiau *Ceridwen* a *Mursen*: dau awdur o'r iawn ryw a dwy nofel ryfeddol o debyg i'w gilydd o ran themâu a safon. Bu'n ddewis anodd, ond wedi dwys ystyried, rydym yn gytûn taw 'Hannah-Jane' gan *Ceridwen* sy'n cipio'r wobr eleni.

Mae'n braf gallu dweud fod gan bob un o'r pum ymgeisydd eleni nofelau sy'n haeddu canmoliaeth. Siawns na fyddai modd paratoi pob un ar gyfer cyhoeddwr pe bai gwaith golygu gofalus yn cael ei wneud – rhai mwy nag eraill, wrth gwrs.

Jac Ffrost, 'I'w Ddiwedd Oer': Nofel hanesyddol, fywgraffiadol yw hon, yn adrodd hanes Edgar Evans o Benrhyn Gŵyr a oedd gyda Scott ar ei daith olaf, drychinebus, i gyrraedd Pegwn y De. Er i'r nofel ddechrau'n delynegol gyda disgrifiadau o'r môr yn ei amrywiol dymherau, ni chyflwynir y prif gymeriad tan draean o'r ffordd drwy'r gwaith. Yn amlwg, mae gwaith ymchwil manwl i'r hanes trist wedi ei wneud, ond teimlais fod gormod o ddibyniaeth ar yr ymchwil hwnnw ac nad oedd yr awdur wedi llwyddo i fynd dan groen Edgar Evans. Mae mwy o ffrwyth dychymyg yn y llinynnau storïol eraill sy'n cael eu hadrodd heb unrhyw berthnasedd i'r brif stori.

Amynedd, 'Gwres': Ceir yma nofel amserol iawn sy'n ymwneud â gorgynhesu'r amgylchedd. Gosodir hi yn y dyfodol mewn gwlad sy'n cael ei rheoli gan wyddonwyr. Drwyddi draw ceir disgrifiadau dychrynllyd o ddirywiad cymdeithas wedi i arweinwyr ein hoes ni anwybyddu rhybuddion taer ein gwyddonwyr. Mae'n bwnc sy'n gafael, ond mae'r ysgrifennu weithiau'n orbregethwrol, gyda gormod o ailadrodd yr un agweddau a theimladau. Mae llawer iawn o gamddefnyddio geiriau a gafwyd, mae'n debyg, o eiriadur.

Mae'r ddwy nofel uchod yn dioddef o'r un gwendid ieithyddol, ond pe gweithid arnynt yn ofalus gyda golygydd profiadol, siawns na fyddai'r ddwy yn gwneud nofelau gwerth eu darllen.

Rocco Ricardo, 'Y Taliad': Yn y nofel hon mae'r iaith yn dderbyniol, mae'r strwythur a'r cymeriadu'n dderbyniol, ac eto i gyd, nid yw'n llwyddo i hoelio fy sylw. Efallai mai'r prif reswm am hyn yw nad oes tyndra credadwy ynddi. Mae bygythiad y blacmel yn annigonol, ac nid oes eglurhad o benderfyniad y cyfreithiwr i dalu'r swm heb i Menna, y prif gymeriad sydd dan fygythiad, fod yn ymwybodol o'i weithred. Mae ymddygiad Menna yn gweddu mwy i ferch yn ei harddegau hwyr na gwraig sydd wedi cyrraedd swydd mor uchel. Diwedda'r nofel gyda'r cymeriadau yn dychwelyd, mwy neu lai, i'w rhigolau cyfarwydd, heb elwa dim ar eu profiadau. Wn i ddim a wnaeth *Rocco Ricardo* ddilyn awgrymiadau beirniaid 2019, ond mae angen mynd ymhellach i dynhau'r stori a dyfnhau'r cymeriadau.

Mursen, 'Twll llygoden': Mae strwythur diddorol iawn i'r nofel hon, gyda'r Heddiw, Ddoe ac Echdoe yn fodd i adrodd hanes tair cenhedlaeth o'r un teulu. Mae'n amlwg fod yr awdur yn gyfarwydd iawn â bywyd amaethyddol yn ogystal â'r bywyd trefol. Ceir digonedd o dyndra yma gyda'r nodiadau bygythiol sy'n cyrraedd Iorwerth druan, ac mae diweddglo'r nofel yn iasoer wrth i'r gŵr tawel, diymhongar hwnnw syrthio i ddwylo ei boenydiwr. Er bod angen ychydig o olygu ar y nofel o ran iaith a chysondeb, mae'r cyfan yn darllen yn esmwyth a chredadwy, gyda'r gwrthgyferbynnu rhwng y gwahanol gyfnodau yn drawiadol ac effeithiol. Nofel sy'n werth ei chyhoeddi.

Ceridwen, 'Hannah-Jane': Fel yn 'Twll llygoden' ceir yma hanes tair cenhedlaeth – tair merch – o'r un teulu, yn ogystal â'r wraig drws nesaf. Rhennir y nofel i gyd-fynd â'r tymhorau, ac ar gychwyn pob rhan ceir llais yn crwydro drwy'r dref ac yn ei disgrifio, gydag ambell sylw cyfoes sy'n boliticaidd grafog. Mae'r cymeriadu'n ddwfn a chredadwy, a thrwy Ishi Mai, wyres Hannah-Jane, ceir elfen fwy egsotig a diddorol, gan mai o Siapan y daw ei thad. Mae'r iaith yn bleser i'w darllen ac yn llifo'n esmwyth, a gall *Ceridwen* greu disgrifiadau hyfryd. Er i sylfaen y stori – merch yn cael plentyn anghyfreithlon – fod yn un ddigon cyffredin, mae dyfnder y cymeriadu yn gwneud iawn am hynny. Dim ond yn y diweddglo y teimlais fod seicoleg y cymeriadau yn anghywir. Yn fy marn i, mae'r cariad a ddengys Hannah-Jane i'w merch yn digwydd yn rhy gyfleus er mwyn creu diweddglo 'Holywood-aidd', hapus-byth-wedyn, i'r stori. Efallai y buasai modd dod at hyn gydag ychydig rhagor o ddeialog yng ngenau Hannah-Jane i egluro ei hagwedd dros y blynyddoedd.

Mae'r cysylltiadau rhwng themâu y ddwy nofel olaf hyn, yn ogystal â chyd-ddigwyddiad y ffugenwau Tomosaidd, yn achos rhyfeddod. Byddai'n hawdd iawn dyfarnu'r ddwy yn gyd-enillwyr. Ond gan mai dim ond un enillydd a ganiateir, rydym ni'r beirniaid yn gytûn mai 'Hannah-Jane' gan *Ceridwen* yw'r enillydd, gan obeithio y gwelir 'Twll llygoden' hefyd mewn print maes o law.

Fel 'pum pwdin Nadolig' y disgrifiodd Bobi Jones nofelau T. Rowland Hughes gan iddynt gael eu cyhoeddi ar drothwy Gŵyl y Geni yn ystod blynyddoedd yr Ail Ryfel Byd. Daeth ein pwdinau ni (pump ohonynt) ymhell cyn i neb ond y mwyaf brwd feddwl am godi'r trimins, ond tybed sut flas fyddai arnynt? A fyddai rhywbeth yma i ddarllenwyr eiddgar allu cael blas arno pan ddeuai'r Eisteddfod ym mis Awst?

Dosbarth 3

Amynedd, 'Gwres': O ran dychymyg mae'r nofel hon yn haeddu bod yn y Dosbarth Cyntaf. Cludir ni i berfeddion y ganrif nesaf lle mae'r hyn sy'n weddill o wareiddiad yn ceisio'i ailsefydlu ei hun yn dilyn 'Y Dinistr'. Dyma'r chwalfa ecolegol a achoswyd oherwydd methiant arweinwyr yr unfed ganrif ar hugain i ddelio ag effeithiau newid hinsawdd. Oherwydd diffyg ffydd mewn gwleidyddion, rheolir y byd (ac mae yna adleisiau o 1984, George Orwell yma) gan Gyngor Gwyddonol. Er cystal y stori (gyda'r tro Cristnogol yn y gynffon) mae'r mynegiant a'r deialog yn ddi-fflach, a'r cymeriadau (ac eithrio Tomos y glaslanc) yn hynod unffurf a di-liw. Tybed ai rhywun yn dysgu'r Gymraeg sydd yma? Rhywun nad yw'n hoff o arddodiaid gan ei fod ar bob cyfle yn taro ar yr arddodiad anghywir? Trwythed yr awdur ei hun yn ein llenyddiaeth orau gan ei fod eisoes yn gwybod sut i gynllunio nofel.

Dosbarth 2

Jac Ffrost, 'I'w Ddiwedd Oer': Cefais gymaint o flas ar y nofel hon fel y bu i mi fynd i chwilio am fwy o'r hanes ar y We. Edgar Evans, y morwr o Gymro a aeth gyda Capten Scott i Begwn y De, yw'r testun ac fe gawn bortread byw iawn ohono. Mae rhan gyntaf y nofel yn canolbwyntio ar ei blentyndod ac mae'r disgrifiadau o'i fam-gu a'i dad-cu yn arbennig o ddiddorol. Hanes y fam-gu yn mynd ati i gasglu wyau gwylanod yw un o uchafbwyntiau'r gystadleuaeth. Ni chefais fy argyhoeddi fod angen cynnwys teithiau François a Homer yn y nofel, er mor ddifyr ydynt.

Fel *Amynedd*, fe ddylai *Jac Ffrost* yntau fynd ar gwrs gloywi iaith gan fod y treigladau yn broblem fawr iddo. Ond gyda golygu eitha chwyrn efallai y bydd y nofel hon yn cael ei chyhoeddi.

Rocco Ricardo, 'Y Taliad': Rwy'n ymwybodol fy mod braidd yn greulon yn gosod *Rocco Ricardo* yn yr Ail Ddosbarth gan fod ei iaith yn ddilychwin ac mae'n meddu ar y ddawn i ddychanu ac ysgrifennu deialog yn effeithiol.

Mae Menna, sy'n Bennaeth Bwrdd yr Iaith, yn cael ei bygwth â blacmel, a hynny gan ei chyn-gariad oherwydd ei hymwneud â Chymdeithas yr Iaith pan oedd yn y coleg yn Aber. Ond ai ymdrech i ailgynnau tân ar hen aelwyd sydd yma mewn gwirionedd? Mae'r cyfan yn gyfle gwych i ddychanu'r dosbarth canol Cymraeg yng Nghaerdydd (ac mae hwnnw'n ymddangos yn fywyd trist iawn, rhaid dweud). Mae yma ymdeimlad cryf o ddiflastod a gwacter ystyr wrth i bawb fyw ar ryw feri-go-rownd tragwyddol o feddwi a 'mwynhau'. Tuedd y nofel yw aros yn ei hunfan, a disgwyliwn ddiweddglo ysgafnach efo Menna a'i chyn-gariad yn diflannu i'r gorllewin ar gefn moto-beic! Yn hytrach, yr hyn a gawn oedd rhyw fath o ddealltwriaeth rhwng Menna a Richie, ei gŵr bydol, sy'n ein hatgoffa o'r olygfa yn nrama Saunders Lewis pan geir cymod rhwng Siwan a Llywelyn Fawr yn dilyn crogi Gwilym Brewys.

Dosbarth 1
Mae yna debygrwydd rhyfeddol rhwng y ddwy nofel sydd ar ôl. *Dementia* yw'r brif thema ynddynt ac mae'r Ail Ryfel Byd yn bwrw ei gysgod trostynt. Rhyfeddach fyth yw fod y ddau ymgeisydd wedi mynd i Wlad y Rwla i chwilio am ffugenwau.

Mursen, 'Twll llygoden': Pwy sy'n anfon negeseuon cas at Iorwerth Jones ac yntau'n dioddef o *dementia*? Cefnodd ar fod yn athro ar ôl etifeddu fferm ei fodryb ond gyda'i feddwl yn dirywio mae'n gorfod symud i Gaerdydd lle mae ei ferch, Bethan, a'i chariad, Greta, yn byw. Fe gododd hi'n helynt yno ar ôl iddo fynd yng nghhwmni merch fach i chwilio am gath goll. Anfonir Iorwerth i gartref yn y gogledd tra bod Greta a Bethan yn symud i fyw i America. Yn y cartref fe ddatgelir pwy oedd yn anfon y negeseuon cas at Iorwerth a'r rheswm dros hynny. Cefais hi'n anodd derbyn y byddai Bethan a Greta yn cefnu ar Iorwerth yn y fath fodd. Daeth yn amlwg hefyd beth amser cyn diwedd y nofel pwy oedd yn anfon y negeseuon cas. Ond os yw'r diweddglo yn siomi braidd mae yna bethau eraill sy'n plesio'n arw, yn arbennig dwy garwriaeth seithug. Mae'r naill yn gymharol gyfoes tra bod y llall yn digwydd yn ystod yr Ail Ryfel Byd. Fe'u cyflwynir ar yn ail yn y nofel a chawn ein hunain yn pendilio o'r naill gyfnod i'r llall. Mae'r ddwy garwriaeth yn dylanwadu ar rediad y stori.

Ceridwen, 'Hannah-Jane': Hon oedd y nofel gyntaf i ddod o'r bocs ac fe wyddwn yn syth y byddai yna deilyngdod eleni. Gwirionais ar Hannah-Jane gyda'i meddwl bregus, ei thafod miniog a'i chasineb tuag at Siapaneaid. Ond cymeriadau'r un mor gryf yw ei merch, Susan, sy'n briod â dyn o

Siapan; ei hwyres, Ishi Mai; a'i chymdoges, Jen. Beth yw achos y dieithrwch rhwng y fam a'r ferch a pham fod y ddwy yn byw mor bell oddi wrth ei gilydd? Tybed a fydd Ishi Mai, yr wyres, yn llwyddo i bontio'r gagendor rhyngddynt? Perthyn rhyw ddyfnder rhyfeddol i gymeriadau'r nofel rymus hon a'r ymdrech sydd ynddi i geisio cymod a dealltwriaeth rhwng pobol. Mae Brexit, hiliaeth, digartrefedd ac agweddau at bobl hoyw yn chwarae rhan allweddol yn y stori. Ond pwysicach yw'r gallu i oresgyn rhaniadau.

Bu hon yn gystadleuaeth dda iawn a daeth dwy nofel drawiadol i'r brig. Er hynny, rhodder Gwobr Goffa Daniel Owen i *Ceridwen* a'i chreadigaeth ryfeddol, 'Hannah-Jane'.

Y Fedal Ryddiaith
(a osodwyd yn wreiddiol ar gyfer Eisteddfod Genedlaethol Ceredigion 2020)
Cyfrol o ryddiaith greadigol heb fod dros 40,000 o eiriau: Clymau

BEIRNIADAETH RHIANNON IFANS

Daeth 16 o gyfrolau i'r gystadleuaeth eleni. Roedd yn gynhaeaf toreithiog a llongyfarchiadau i'r awduron, un ac oll, am eu dygnwch ac am roi digon i ni gnoi cil drosto drwy fisoedd stormus y gaeaf. Ysbrydolodd y thema 'Cwlwm' weithiau llenyddol sy'n cwmpasu ystod eang o feysydd trafod. Cwlwm teulu a chryfder y cwlwm cymdeithasol – a'i ddatodiad – a drafodir amlaf, yn ogystal â chwlwm rhaff, cwlwm stumog, a'r cwlwm Celtaidd. Syrthiodd y cynnyrch yn dri dosbarth. Gosodais y cyfrolau sy'n deilwng o ennill y Fedal eleni yn y Dosbarth Cyntaf; yn yr Ail Ddosbarth rhoddais y cyfrolau a allai, gyda pheth gofal pellach, ennill y gystadleuaeth hon; ac yn y Trydydd Dosbarth gosodais y rhai sydd angen ailymweld â hwy i ffrwyno, tocio, dyfnhau neu fireinio cyn iddynt weld golau dydd. Mae angen llaw ysgafn, a mwy o awgrymu nag o bregethu ac esbonio, wrth lunio naratif a chymeriadau, ac efallai mai dyna lle mae ambell un (o bob Dosbarth) yn syrthio.

Dosbarth 3
Dyma Fo!, 'Fo': Nofel seicolegol, dafodieithol, hunangofiannol Clarens Cythbert Sinclêr Prydderch Preis sy'n byw mewn 'botwm crys o bentra yng nghefn gwlad Cymru' yw 'Fo'. Adrodda'i hanes yn y groth a thrwy'i blentyndod a'i ieuenctid nes ei fod yn priodi Elsa yn 27 oed. Dyma nofel lawn hiwmor sy'n ymylu ar droi'n ffars. Crëwyd byd o realaeth amgen sydd weithiau'n debyg i'n realaeth ni, dro arall ymhell oddi wrthi, ac yn ail hanner y nofel mae myfyrdodau a breuddwydion cymhleth Preisi yn adlewyrchu ei arallrwydd. O ffrwyno'r afiaith a dileu peth amwysedd diangen, gallai fod yn nofel werth chweil.

K, 'Clymau': Dyma nofel seicolegol mewn tair rhan. Mae'n agor yn hamddenol ddisgrifiadol, er enghraifft 'roedd y gwres uwchben y tarmac yn plygu'r awyr ac yn gwneud i dop du'r ffordd ddawnsio yn y pellter', ond efallai y dylid lleihau ychydig ar nifer y disgrifiadau fel bod pob un yn talu am ei le. Colyn y nofel yw Tyddyn Ingam lle llofruddiwyd gwraig a mab y prif gymeriad, lle sydd â'i ddylanwad maleisus yn dal yn rymus. Mae'r cymeriadu yn gryf, ac mae gan *K* glust dda at ddeialog. Dibynna'r nofel ar ddogn gref o hudoliaeth sinistr am ei llwyddiant, ond byddai tynhau yma a thraw yn grymuso'r gwaith, ac mae gormod o gwestiynau heb eu hateb yma.

Cysgod, 'Synfyfyrion': Synfyfyrion Rhydian Lewis ar ddydd ei ben-blwydd yn gant oed yw'r nofel hon. Mae strwythur da iddi. Rhwng ymweliadau'r Metron, y Maer a'r amryfal ymwelwyr eraill a ddaw i roi tro am yr henwr, ceir arolwg o brif uchafbwyntiau ei yrfa a'i fywyd personol wrth i bob ymwelydd ennyn gwahanol atgofion ynddo. Cyflwynir barn huawdl ar grefydd, gwleidyddiaeth, natur dioddefaint, a chyflwr y byd, barn sydd o bryd i'w gilydd ychydig yn bregethwrol yn hytrach na llenyddol ei naws. Dangos, nid dweud, sydd ei angen. Ond cafwyd ymateb i'r cwestiwn y mae Rhydian yn ei ofyn iddo'i hun, 'a oedd y byd yn lle gwell na phan gawsai'i eni', a mentrwyd rhai sylwadau clo digon brawychus.

Guto Nyth Brân, 'Nythu': Lleolir y nofel ar stad dai newydd sbon, ac fe'n cyflwynir i drigolion y saith tŷ yn y tudalennau cyntaf. Adroddir y stori gan Luned, ond mae prif ffocws y nofel ar yr enigma o ddyn sy'n byw drws nesaf iddi a'r ferch dlos sy'n ymweld ag ef mewn Ferrari coch. Cafwyd syniad da, ond dylid cyflymu symudiad y nofel, a bwydo mwy o gliwiau ac o wybodaeth amry. wiol am 'Y Tywysog' er mwyn cynyddu'r tensiwn, yn hytrach na dweud yn syml p'un ai yw'r Porsche y mae'n berchen arno yn sefyll ar y dreif ai peidio. Beth yw ei gyfrinach? Dylai'r darllenydd fod ar bigau'r drain eisiau cael ateb i'r dirgelwch! Mae stori garu ddymunol hefyd yn datblygu ar y stad gan roi diddordeb a thrywydd amgen i'r nofel. Dyma gnewyllyn stori anturus ac o'i datblygu ymhellach byddai'n hawdd yn cyrraedd tir uwch.

Cwlwm Dau, 'Clymau': Nofel am fusnes *haute couture* Gwen Elin, 'Cwlwm Dau', a'i gwaith yn creu gwisgoedd priodas wedi'u teilwra'n unswydd ar gyfer ei chleientiaid, sydd yma. Yn is-blot mae yma stori garu, a Gwen Elin yn euog o droi pen Gwynfor o Gaerdydd a Thomas Rice o Vermont. Braidd yn ddigynnwrf a disgrifiadol yw'r stori ar brydiau, a byddai'n fantais cael elfen gryfach o wrthdaro, a darlunio ymateb y prif gymeriadau i wahanol sefyllfaoedd, yn hytrach na chynnig adroddiad syml ar eu hadwaith iddynt. Collwyd cyfle hefyd i roi golwg fanylach i ni ar ardal Vermont yn ystod arhosiad Gwen Elin yno. Er bod peth ailadrodd, mae yma iaith lân, idiomatig. Dyma sgerbwd nofel dda, ac o ddyfnhau rhai elfennau arni gallai fod yn ddarllen difyr.

Dosbarth 2

Y *Ceffyl Coch*, 'Pan ddisgynnodd y Bensel': Nofel ar ffurf cofnodion dyddiadur y gwahanol gymeriadau sydd yma, ac mae'n ddull effeithiol o ddod yn agos at galon a meddwl pob cymeriad yn hynod gyflym. Cwyn Rhiannon yn erbyn ei hathro gwyddoniaeth – ei fod wedi rhoi ei law ar ei chlun noeth wrth iddo godi pensel o'r llawr – yw'r stori, ac mae'n thema gwerth ymwneud â hi. A yw'r athro yn euog? Cyflwynir safbwynt Rhiannon, ei rhieni, yr athro a'i wraig, a'r prifathro, gan roi sylw priodol i'w hamheuon a'u dulliau o ddelio â'r mater. Ond mae lle i ystwytho mynegiant y cofnodion i gael llif gwell i'r myfyrdodau a gwell ymdeimlad o natur anffurfiol dyddiaduron personol, a gellid hefyd amrywio arddull pob person i osgoi cael merch ysgol a phrifathro yn siarad â'r un llais. O ran plot, dylid sicrhau bod y deunydd yn cydymffurfio â pholisïau'r awdurdodau lleol ar faterion o'r fath rhag i'r nofel golli credadwyedd.

Llîd, 'Deheubarth': Ffantasi siwdohanesyddol yw 'Deheubarth'. Wedi'i ysbrydoli gan yr hil-laddiad yn Rwanda, mae *Llîd* wedi dychmygu sefyllfa gyfatebol yn y Gymru gyfoes (Louboutins, reffiwjîs ar yr A55 a chwbwl) yn seiliedig ar ymosodiad Normaniaid y Mers ar Dalgarth. Amlygir gwybodaeth dda o hanes Cymru yn yr Oesoedd Canol, a throsglwyddwyd cymeriadau'r cyfnod – Gwynfardd Brycheiniog, teulu Rhys ap Tewdwr a'u cyfoeswyr – i'n hoes ni. Mae'r darllen yn ingol ar brydiau, ac yn wers ysgytwol i'r sawl sy'n anghyfarwydd â byd rhyfel. Ond mae hiwmor a ffraethineb yn gymysg â'r erchyllterau ac mae'r amrywiaeth traw sydd yn naturioldeb sgwrs Now Tŵr Eryr yn gampus – dyma *vignette* gorau'r gystadleuaeth. Nid yw asiad y ddau gyfnod yn gwbl lwyddiannus a llyfn bob amser, ond mae'r ffaith fod hanes yn ei ailadrodd ei hun ac nad yw gwersi'n cael eu dysgu o hen ryfeloedd yn neges sobreiddiol. Dylai'r awdur weithio eto ar y nofel hon.

Zeus, 'Llinach': Y cwlwm teuluol sydd dan sylw gan *Zeus* ac mae ei nofel yn adrodd hanes sawl cenhedlaeth o gymeriadau. Mae'r syniad yn un ardderchog, ond efallai fod angen cynfas ehangach na 40,000 o eiriau i greu cymeriad crwn i bob unigolyn ac i adrodd pob stori. Sefydlwyd strwythur cadarn i'r nofel gan fod stori pob adran neu genhedlaeth yn seiliedig ar batrwm llwy garu a'i gwahanol symbolau a'u gwahanol ystyron. Rhwng pob adran adroddir stori'r genhedlaeth bresennol ac mae'r gwirionedd a ddaw i'r golwg ar y diwedd yn gwbl ysgytiol. Er gwyched y frawddeg agoriadol, mae angen ystwytho ambell draethiad fel 'Anorfod oedd tynged y llong'.

Baramwndi, 'Y Tŷ ar y Clogwyni': Myfyrdodau Kai yn y pum munud y mae ei ddyweddi Morfudd yn ei gael i guddio yw crynswth y nofel, cyfnod pan yw amser yn mynd 'yn glymau i gyd' a Kai yn teithio drwy wahanol gyfnodau yn chwilio amdani. Mae'n nofel uchelgeisiol ei gwead, yn gyfoethog ei chyfeiriadaeth lenyddol, ac mae'n llawn dychymyg: saif y tŷ 'ar ei ben ei hun ar frig y clogwyni, fel actor ar lwyfan gwag'. Cawn fyfyrio ar ein lle a'n hamser ni yn y bydysawd, ac ar y cwestiynau mawr ynghylch beth yw Adnabod a beth yw Realiti. Mae'r adran sy'n disgrifio 'Morfudd yn hen' yn hyfryd, ond byddai cael dod i'w hadnabod yn well yn y cyfnod hwnnw – ac mewn cyfnodau eraill – yn cyfoethogi'r nofel, ac i wneud hynny efallai fod angen lleihau'r nifer o ymweliadau a wneir â'r gorffennol ac â'r dyfodol, a chanolbwyntio mwy ar ambell un penodol.

Eos, 'Cwlwm Chwech': Chwe stori annibynnol ar ei gilydd yw 'Cwlwm Chwech', ond bod elfen o bob stori yn cysylltu'n llac â stori arall. Wedi adrodd hanes chwe pherson gwahanol yr ergyd yw: 'Dyna beth od yw bywyd. Ma' rhywbeth yn clymu ni i gyd at ein gilydd on'd oes e?' Mae yma ysgrifennu llithrig a phob stori yn un sionc, yn symud yn gyflym o un digwyddiad i'r llall heb fawr amser i dynnu anadl ac weithiau'n ymylu ar y *bizarre*: syniad Florian Kóbor, gweithiwr tymhorol o Hwngari, yw gwneud bywoliaeth drwy wisgo fel yr Archdderwydd a stripio i ferched dosbarth canol Cymraeg chwaethus. Er mor afaelgar y straeon, ac er mor ffraeth yw'r dychan, mae angen mwy o gig ar esgyrn rhai o'r cymeriadau. Byddai hynny'n galluogi'r darllenydd i deimlo cyswllt cryfach â hwy, ac i fod â mwy o ots am eu tynged.

Grannell Meurig, 'Y Cwilt': Dwsin o straeon byrion sydd gan *Grannell Meurig*. Mae cnewyllyn da i'r stori agoriadol, sef ymdriniaeth ar y cwlwm priodasol. Cynrychiola darnau'r cwilt, 'onglau'r trionglau pigog, y llinellau sythion didrugaredd', batrwm anfoddhaol ei bywyd, sef 'deugain mlynedd o dorri ei hun i ffitio' a chreu cwilt 'na allai gadw unrhyw un yn gynnes'. Mae'r dweud yn gafael, ond mae angen gochel rhag dweud yn rhy blaen, a gofalu awgrymu a darlunio yn hytrach na goresbonio. Mae uchafbwyntiau golau i bob stori, ac aeddfedrwydd ym mhob profiad. Er bod cynnwys ambell stori wedi'i adrodd o'r blaen, cafwyd gogwydd gwahanol yn 'Y Llwybr' a byddai'n well clo i'r gyfrol na 'Calan'. Byddai gweithio ymhellach ar ddiweddglo ambell stori unigol yn cryfhau'r casgliad.

Erin, 'Aros': Nofel ôl-Brexit sy'n adrodd hanes Cen ac Ashley yn smyglo cyffuriau i Iwerddon ym mherfedd cywion ieir a'u cyfnewid am insiwlin, faliym a thabledi canser sydd yma. Mewn rhan arall o'r cargo cuddiwyd gynnau ar gyfer y rhyfel cartref sydd ar dorri. Mae'r sgwrsio a'r tynnu coes yn ffraeth, y cymeriadau'n rhai credadwy, a'r plot yn un dyfeisgar. Weithiau gallai'r dweud fod yn llai cordeddog, ond mae yma ddisgrifiadau gafaelgar: 'Rhyw hen drowsys pyjamas o beth am ei goesa, ond y crys t wedyn yn dynn fel perygl.' Gallai gwersi hanes Cymru Cen doddi'n well i stori'r nofel yn hytrach na sefyll fel datganiadau, a'r un modd gyda'r myfyrdodau ar hunaniaeth bersonol, a hunaniaeth genedlaethol Iwerddon a Chymru, 'y wlad fethedig yma sy'n marw ar ei thraed.' Ond mae yma ysbryd llenor, ac mae'r cwlwm Celtaidd yn destun trafodaeth oesol.

Afallon, 'Llestri Te a Pharasól a straeon eraill': Cyflwynwyd yma ddeg stori draddodiadol eu harddull ar amrywiaeth da o destunau, yn gyfoes a hanesyddol. Fe'm daliwyd yng ngwead y stori agoriadol, ac er nad yw pob stori gryfed â'i gilydd mae yma gyfanwaith grymus. Mae i'r stori hanesyddol sy'n rhoi i'r gyfrol ei theitl gyffyrddiadau gwir lenyddol sy'n ymwneud â'r llawenydd a'r gofid cudd sy'n clymu teuluoedd ynghyd. Mae'n disgrifio bywyd morwr a chyfaredd y môr, ei liw a'i arogl a'i flas, ond mae yma hefyd synnwyr o'i nerth a'i anwadalwch a'i berygl. Hoffais naturioldeb y mynegiant a'r llif brawddegu hyfryd sydd i'r gyfrol, ond dylid dileu'r troednodiadau a'r esboniadau cefndirol diangen. Ar y cyfan mae yma ysgrifennu meistrolgar, a sawl uchafbwynt treiddgar ei weledigaeth. Pe byddai pob stori'n gyson ei safon, byddai'r gwaith hwn yn sicr yn haeddu lle yn y Dosbarth Cyntaf.

Dosbarth 1
Mae tair nofel yn deilwng o'r Fedal Ryddiaith eleni.

Alia, 'Bwrw Dail': Dyma nofel gan lenor hyderus a phrofiadol, un sy'n llawn dychymyg, ac un sy'n defnyddio mwy nag un cyfrwng llenyddol i ddweud ei ddweud. Defnyddia hen stori, sef cyfyng-gyngor cwpl cefn gwlad sy'n wynebu dewis neu wrthod y cyfle i werthu'r cartref teuluol am arian mawr: 'Ofnai Alwyn mai fo fyddai'n lladd y fro Gymraeg pe bai'n gadael. Ofnai Lona fynd o'i cho' pe bai'n aros.' Trydydd cymeriad y stori yw'r tŷ ei hun, wedi'i godi o gwmpas gwernen sy'n bwrw'i dail ar farwolaeth anwyliaid. Cefais fy hudo gan y syniad hwnnw, ond mae'n rhaid dweud bod cofnodion y tŷ yn gwegian ar brydiau a dylid tocio neu fireinio ei stori. Mae'r cyfuniad o resymeg a synwyrusrwydd yn un llwyddiannus, ac mae idiomau'r iaith lafar yn canu, ond mawredd y nofel yw'r drafodaeth gynnil ar y broses o alaru, ar anghydfod priodasol, ac iselder. Gwnaed hynny â llaw ysgafn, gan ddangos y gwewyr yn hytrach na cholbio dweud. Mae'r ffraethineb a'r sensitifrwydd yn hyfryd. Caiff y darllenydd gerdded llwybr y cymeriadau drwy'r dryswch meddwl i'r rhyddhad o fod wedi llwyddo i wynebu colled, a dod ffordd bell ar hyd llwybr gollwng gafael ar y gorffennol i sefydlu dyfodol newydd.

Cwmwl, 'Y Stori Orau': Stori Swyn a'i mam yn teithio Cymru mewn hen fan VW yw nofel *Cwmwl*. Oddi mewn i ffrâm y stori, adroddir pedair stori annibynnol a sawl dernyn o straeon eraill, pob un yn alegori o elfen ar fywyd Swyn. Yr un sy'n argyhoeddi orau yw stori'r tŷ a'i rhybudd amlwg i'r sawl sy'n methu â gollwng gafael. Mae gan Swyn broblemau sy'n deillio o'i gorffennol pan fu'n anorecsig ac yn dioddef o orbryder – yn rhannol am nad oedd yn gwybod pwy oedd ei thad, a hefyd am iddi fod yn agos at gael ei threisio pan oedd hi'n fyfyrwraig. Trafodir themâu pwysig mewn iaith lân, ar y cyfan. Ond nid yw pob brawddeg yn canu: 'Gas gen ti hen draddodiadau a defodau sy'n clymu dynion at dduwdodau ffug, gan greu genedigaeth-fraint ddiangen yn y dyddiau hyn lle mae cydraddoldeb a thegwch yn llawer pwysicach na llwyau aur.' Mae chwarter cyntaf y nofel (anolygedig) yn blasu'n bregethwrol, ond mae'r gwaith yn codi stêm ar ôl hynny ac yn magu dyfnder, er nad yw'r datgeliad olaf yn un cwbl wreiddiol: mae'r *denouement* yn f'atgoffa'n gryf o un o werthwyr-gorau'r sîn lenyddol yn Lloegr. Cryfderau'r nofel hon yw ei stori ddeniadol, a'i phortread o'r berthynas merch-a'i-mam sydd weithiau'n un o wrthdaro, dro arall yn un gynnes, ond bob amser yn argyhoeddi.

Corryn, 'Lloerig': Dyma waith cwbl nodedig gan awdur mentrus a hyderus. Lluniodd nofel ddyfeisgar, sy'n wreiddiol a heriol ei thema a'i harddull. Nofel llif yr ymwybod, lle mae'r meddwl yn ehedeg yma ac acw yn ddi-stop, ddibaragraff a diatalnod yw'r nofel un-frawddeg hon, a chyflawnodd *Corryn* gamp aruthrol (yn dechnegol a llenyddol) yn cadw'r testun i lifo'n rhwydd a deallus drwyddi draw. Mae gan yr awdur glust ddi-feth at rythmau'r iaith, ac mae rhuglder symudiad yr un frawddeg hon yn hudolus. Nid ymarfer bach ffansi yw mabwysiadu'r dechneg anodd hon, ond ffordd effeithiol o fynd yn ddwfn i feddwl ac enaid y prif gymeriad, Mari, ac i rannu dwysedd ei stori a mawredd ei dynoliaeth. Bydd y nofel yn sicr o fod yn drech nag ambell ddarllenydd diamynedd, ond mae'n nofel graff sy'n torri tir newydd mewn *genre* sydd ag awdurdod rhyngwladol iddo (mae nofel un-frawddeg Friedrich Christian Delius, *Bildnis der Mutter als junge Frau*, sef *Portrait of the Mother as a Young Woman*, yn enghraifft nodedig).

Diogelwch dyn ifanc ar lein, ac yn benodol y sgam *sextortion* a arweiniodd at ei hunanladdiad, yw'r thema. Adroddir meddyliau mam Kevin, y bachgen

16 oed a grogodd ei hun o'r goeden afalau ar noson leuad lawn. Ydy pobl yn gwir adnabod ei gilydd? Ydy diffyg siarad plaen am ryw yn achosi problemau? Oes genyn mewn rhai teuluoedd sy'n eu gwneud yn fwy agored i'r perygl o hunanladdiad? Mae peth darllen anghyfforddus yma, yn y myfyrdod hwn ar fywyd, llawer o ddoethineb gyfoes, a llinellau clo ysgubol. Dyma wir lenor, ac i'r llenor hwn y byddwn i'n dyfarnu'r Fedal eleni, pe cawn. Ond mae tri ohonom, ac nid ydym yn feirniaid unfryd.

Ym marn fy nau gyd-feirniad, nofel *Cwmwl* sy'n dod i'r brig. Llongyfarchiadau calonnog i'r llenor hwnnw, felly, am ein swyno ni'n tri â'i ddawn storïol. I *Cwmwl* y dyfernir y Fedal Ryddiaith, ynghyd â phob clod ac anrhydedd a berthyn iddi.

Un o bleserau beirniadu'r gystadleuaeth oedd derbyn gwaith awduron a oedd yn amlwg wedi rhoi cymaint o feddwl ac ymdrech i lunio'u cynnyrch. Sut felly oedd mynd ati i ddidoli'r cyfan? Yn gyntaf, ceisio adnabod elfennau golygu a ddisgwylir mewn gwaith sy'n barod i'w gyhoeddi: golygu creadigol o ran llif y naratif a datblygiad cymeriad; golygu llinell i saernïo brawddeg a pharagraff, ac yna golygu copi i sicrhau cywirdeb iaith. Yn ychwanegol at y prosesau golygyddol hyn, roeddwn yn gobeithio canfod y sbarc hwnnw, er yn anodd ei ddiffinio, sy'n cyffroi'r darllenydd. Braf nodi bod y goreuon wedi llwyddo yn rhyfeddol i gyflawni hyn.

Dosbarth 3

Cysgod, 'Synfyfyrion': Fe rydd dathliad pen-blwydd Rhydian Lewis yn gant oed y cyfle iddo hel atgofion am ei fagwraeth, ei deulu a'i waith a'r cyfan yn cael ei gyflwyno'n ddigon annwyl a diffuant os braidd yn bregethwrol. Mae'n dwyn i gof ei gyfnod yn y rhyfel, ei yrfa fel darlithydd a'i fywyd efo'i deulu gan gynnwys sylwadau craff, a chrafog ambell waith, ar feysydd mor amrywiol â Chymreictod, cynhesu byd-eang a datblygiadau ym myd technoleg. Di-sbarc yw'r dweud ar y cyfan ac mae'r gystrawen, ambell waith, yn gallu bod yn rhwystr i'r darllen ac yn amharu ar y cyfle i ddod i adnabod y prif gymeriad yn well.

K, 'Clymau': Stori ddirgel/arswyd wedi ei lleoli yn ystod haf poeth 1976. Mae digwyddiadau'r gorffennol yn cael eu hailgorddi ym meddwl yr hen ŵr wrth iddo ymweld unwaith eto â Thyddyn Ingam lle bu farw ei wraig a'i fab. Mae cnewyllyn y nofel yn eithaf gafaelgar ond yn anffodus mae'r dweud yn aml yr un mor drymaidd â gwres yr haf hwnnw ac ar brydiau mae'n anodd dilyn trywydd y stori. Adrodd pob manylyn yw'r gwendid amlwg a dylid cofio bod cynildeb awgrym yn gallu bod yn fwy effeithiol.

Guto Nyth Brân, 'Nythu': Fe ddown i adnabod trigolion stad dai newydd Tan y Dderwen drwy lygaid Luned, cyfreithwraig ifanc, sydd newydd symud i'w thŷ newydd. Mae'r syniad o osod cymeriadau'r stori o fewn lleoliad stad dai yn dderbyniol ac yn aml yn ganllaw hwylus i awduron llai profiadol. Araf ac undonog yw'r digwydd ar y cyfan ac mae ambell ddatgeliad braidd yn anghredadwy. Mae pawb ond Luned yn amau'r gŵr sy'n byw drws nesaf iddi o werthu cyffuriau ond y gyfreithwraig yw'r olaf i sylweddoli beth sy'n digwydd ac mae camddehongli'r berthynas rhwng Elwyn ac Osian braidd yn amlwg. Ceir rhai golygfeydd digon doniol, megis cyfarfodydd tenantiaid y stad, ond mae angen datblygu'r stori ymhellach i ddal sylw'r darllenydd.

Dyma Fo!, 'Fo': Hanes rhyfeddol Persi Preis a geir yma o'i enedigaeth, drwy ei gyfnod yn yr ysgol ac yn ei swydd. Ceir dechreuad difyr ac addawol gan arddangos dawn yr awdur i ddarlunio cymeriadau lliwgar a chreu bydoedd swreal. I mi'n bersonol, mae'r awdur yn colli rheolaeth ar lif y stori wrth i'r gwaith fynd yn ei flaen a doedd hi ddim yn glir ar brydiau beth oedd yn digwydd yn enwedig wrth gyflwyno is-straeon o fewn y brif stori. Mae angen cymryd cam yn ôl weithiau fel nad yw'r manylion yn amharu ar y darlun ehangach.

Cwlwm Dau, 'Clymau': Er bod y stori garu draddodiadol hon yn cyfannu dau gyfandir, syml yw datblygiad y stori. Ar ddechrau'r nofel cawn hanes Gwen Elin, perchennog cwmni ffrogiau priodas, a'i pherthynas efo'i rhieni a'i chyn-gariad. Mae'r cwmni'n llewyrchus yn dilyn archeb sylweddol gan siop yn Burlington, Vermont, ond daw tro ar fyd pan â perchennog y siop honno'n sâl. Canlyniad hyn oll yw fod Gwen yn mynd i'r Unol Daleithiau i ofalu am y siop drwy wahoddiad Thomas Rice, mab y perchennog, ac yn syrthio mewn cariad. Er bod y cyfan wedi ei ysgrifennu'n ddigon gofalus, rhy syml a digynnwrf yw'r stori, mae gen i ofn.

Dosbarth 2

Baramwndi, 'Y Tŷ ar y Clogwyni': Mae'r awdur wedi taro ar syniad diddorol, er bod ambell gyfres deledu wedi dilyn yr un trywydd. Rydym yn cyfarfod Kai a Morfudd ar y noson cyn eu priodas ac mae Morfudd yn perswadio ei darpar ŵr i fynd allan o'r tŷ ac i ddychwelyd i chwilio amdani yn unol â hen draddodiad priodasol. Ond wrth ddychwelyd i'r tŷ mae Kai yn sylweddoli ei fod mewn oes arall. Wrth i'r stori ddatblygu mae Kai yn ymweld â nifer o fydoedd gwahanol gan gynnwys cyfnod yr Ail Ryfel Byd a rali Annibyniaeth rywbryd yn y dyfodol. Ar ddiwedd y stori mae'r ddau yn ôl yn y presennol – ond mae llawer wedi newid rhyngddynt. Ar ei orau mae'r awdur yn creu darluniau bywiog a chredadwy o'r cyfnodau gwahanol ond dro arall mae'r darnau mor fyr fel nad yw'n gwneud cyfiawnder â'r stori nac ag ef ei hun. Anwastad yw llif y naratif ac i mi doedd y cerddi ddim yn ychwanegu at y gwaith.

Zeus, 'Llinach': Saga deuluol dros wyth cenhedlaeth gawn ni gan *Zeus* a hynny wedi ei fframio o fewn stori'r presennol. Daw'r heddlu i gartref Eleni a Jon i adrodd bod eu mab, Jac, wedi diflannu ar ôl gadael ei astudiaethau yn Rhydychen. A hwythau wedyn yn ofni ei fod wedi ei gipio gan eithafwyr, cânt eu brawychu mai eu mab hwy eu hunain yw'r dienyddiwr yng nghlip ffilm ISIS. Mae'r olygfa olaf yn barhad o ddechrau'r stori a gwelwn y fam ar fin y clogwyn yn ystyried ei thynged. Byddai stori Jac a'i deulu wedi bod yn ddigon cryf i gynnal y gwaith hwn o'i ddatblygu'n ofalus ond teimlaf mai gormod o bwdin yw cyfuno hanes y teulu o un genhedlaeth i'r llall. Mae ambell ddarlun teuluol yn hynod ddiddorol, megis hanes Tom yn y pwll glo a Jac yn y rhyfel ond mae eraill yn wan. Llipa yw'r ddeialog ar y cyfan er bod motîff y llwy garu yn clymu hanes y teulu o un genhedlaeth i'r llall yn daclus.

Y Ceffyl Coch, 'Pan ddisgynnodd y Bensel': Ar ôl agoriad hynod o afaelgar roeddwn yn siomedig fod gwendidau'r naratif yn amharu ar y cyfanwaith. Mae'r athro, Gwilym Gwyddoniaeth, yn gollwng ei bensel wrth roi gwers bersonol i Rhiannon ac yn gafael yn ei chlun gan roi cyfle i'r awdur drafod nifer o themâu pwysig a sensitif yn ogystal â'r effaith ar unigolion. Wrth i'r stori fynd yn ei blaen mae'r straen ar deulu Rhiannon yn amlwg a hefyd ar yr athro a'i wraig wrth iddo golli ei swydd. Mae'n codi cwestiwn hefyd am y modd y mae sefydliadau yn delio gyda digwyddiadau o'r fath a dyna un o'r gwendidau amlwg. Mewn stori lle mae canlyniad y weithred gychwynnol yn hollol ganolog, mae'n anodd credu na fyddai prifathro yn ymwybodol o bolisïau cydnabyddedig a chollwyd cyfle i gynnal y tensiwn yn nhrafodaethau'r llywodraethwyr. Er bod ffurf dyddiadur yn gyfle i gyflwyno'r stori o safbwynt cymeriadau gwahanol doeddwn i ddim yn teimlo ein bod yn clywed eu lleisiau unigol.

Erin, 'Aros': Dyna braf oedd cael stori lawn hiwmor mewn cystadleuaeth lle roedd ysgafnder a mymryn o ddoniolwch yn hynod o brin. Mae gan yr awdur ddawn i greu cymeriadau bywiog a deialog ffraeth a hynny'n gymysg â stori sy'n cynnwys taith i Iwerddon, gwerthu cyffuriau a smyglo arfau. Mae yna hefyd sawl ymadrodd bachog a chofiadwy yng nghanol y rhialtwch, megis lle mae'n cymharu prysurdeb strydoedd Caergybi â maes yr Eisteddfod a'r 'holl bobol yn pasio drwodd ond heb adael fawr ddim o'u hôl ond llwch'. Ond er i mi fwynhau bod yng nghwmni'r cymeriadau, araf yw'r stori'n datblygu. Yn wir, er bod y cyfan yn darllen yn rhwydd mi ges y teimlad mai rhyw ragymadrodd oedd Rhan 1 a 2 a'r awdur ar ras wyllt wedyn i orffen y stori.

Grannell Meurig, 'Y Cwilt': Yma fe gawn 12 o straeon byrion a blas cefn gwlad yn nodweddu'r cefndir a'r cymeriadau – helynt allwedd yr eglwys, y tensiwn rhwng brodyr fferm Llwyn Gwyn, Mari yn gweld traddodiad y calennig yn darfod yn sgil y newydd-ddyfodiaid i'r pentre, ac yna'r pedwar yn plygu'r papur bro a'r clecs rhyngddynt yn llawer melysach na chynnwys y papur. Er braidd yn hen ffasiwn, mae'r dweud yn gyfoethog o ymadroddion a geirfa cefn gwlad ac mae'r portreadau yn gyson annwyl a chynnes. Ond mae'r straeon yn fyr iawn – prin bedair tudalen yw'r hiraf – fel nad ydym, mewn gwirionedd, yn cael cyfle i fynd dan groen y cymeriadau a'u sefyllfaoedd arbennig.

Llîd, 'Deheubarth': Mi wnes i fwynhau bwrlwm a chyffro'r nofel hon – yn fwy felly na'm cyd-feirniaid efallai. 'Ffantasi siwdohanesyddol' yw'r disgrifiad ar y clawr a chawn hanes barwniaid y Mers yn ymosod ar Ddeheubarth. Y dywysoges Nest yw canolbwynt y stori a hithau'n cael ei chipio, ei charcharu ac yna'n ennill ei rhyddid drwy briodi. Yr hyn sy'n wahanol yw fod y cyfan yn cael ei adrodd o safbwynt y presennol a'r dywysoges ar y dechrau yn poeni mwy am siopa, partïon a siampên nag am unrhyw gyfrifoldebau llinach. Yn is-blot cawn hanes Bethan ferch Idwal sydd yn llais y fam mewn cyfnod o ryfel a hefyd Now Tŵr Eryr, un o gymeriadau gorau'r gystadleuaeth, sy'n ceisio ei orau mewn sefyllfa druenus. Uffern yw rhyfel ym mhob oes yw neges gref y stori. Mae gan yr awdur ddawn i greu cymeriadau cofiadwy a darlunio golygfeydd cyffrous ond mae yna broblemau hefyd. Yn ei frwdfrydedd, mae'r awdur yn colli rheolaeth ar ei stori ac mae'r ddeialog yn hirfaith a llafurus ar adegau.

Eos, 'Cwlwm Chwech': Chwe stori fer ar ffurf cadwyn a gawn gan *Eos*. Mae yna anwyldeb yn y stori gyntaf wrth i werthwr cyffuriau diniwed achub plentyn rhag cael ei daro gan gar a'r enwogrwydd a'r helbul a ddaw yn sgil ei wrhydri. Cawn gryn ddoniolwch yn stori Mari sy'n colli ei swydd ac yn mynd i ddilyn angladdau a gallwn gymryd mai'r gwerthwr cyffuriau o'r stori gyntaf yw'r gŵr y mae'n ei gyfarfod yn un o'r gwasanaethau. A dyna'r drefn wedyn wrth i gymeriad o un stori ymddangos yn yr un ddilynol i greu cadwyn gyflawn. Dyma awdur sy'n amlwg yn mwynhau creu sefyllfaoedd digri a thrasig ynghyd â chymeriadau od a gwahanol – ar ei orau mae'n fy atgoffa o waith Tony Bianchi. Er bod y cyfan yn rhwydd iawn i'w ddarllen, mae'n dibynnu yn aml ar dro yn y gynffon i orffen stori a hynny'n gallu ymddangos yn syrffedus o'i orddefnyddio.

Afallon, 'Llestri Te a Pharasól a straeon eraill': Dyma gasgliad o ddeg o straeon yn portreadu unigolion ar groesffordd yn eu bywydau. Mae'r gyntaf yn berl o stori fer ddwy dudalen sy'n cyfleu i'r dim ddylanwad gormesol y fam ar ei mab cerddorol – a phob gair yn talu am ei le. Newidir yr awyrgylch a'r tempo yn llwyr yn 'Enwi Rhosyn' wrth i Mary Myfanwy Rees Williams sylweddoli'r posibiliadau difyr a ddeuai o amrywio ei henw a bod Myfanwy Rhys y llyfr siec yn dra gwahanol i Mary Williams sydd â'i bryd ar wyliau yn yr haul. Nid yw'r straeon i gyd o'r un safon ond mae'r cyfan wedi ei ysgrifennu mewn arddull ddiwastraff ac mae gan yr awdur glust am ddeialog naturiol.

Dosbarth 1

Alia, 'Bwrw Dail': O'r llifeiriant geiriol agoriadol mae rhywun yn cael ei swyno gan ddawn yr awdur i ddal sylw'r darllenydd a thrwy gyfres o fonologau cawn ein harwain ar daith sy'n trafod agweddau ar golled a galar – o'r cymunedol i'r personol. Mae Alwyn a Lona yn gwerthu eu tŷ i ddatblygwyr sydd am ei ddymchwel i godi stad o dai newydd ac mae'r golled i'r gymdeithas leol yn amlwg. 'Os awn ni, fydd dim Cymraeg ar ôl yn y pentref,' meddai Alwyn a gafodd ei fagu yn y tŷ a'i wreiddiau'n ddwfn yn yr ardal a hithau'n ateb: 'Tydi'r iaith ddim yn gyfrifoldeb i ni'n dau. Fedrwn [n]i'm aros jest am fod gen ti ofn pechu dy fam a Chymdeithas yr Iaith.' Datgelir y golled a'r galar personol wrth i ni sylweddoli bod Alwyn a Lona wedi colli eu merch, Meinir, i salwch sydyn a ninnau'n dod i ddeall rhesymau'r fam dros symud i gartref newydd. Elfen hynod bwerus yw fod y tŷ ei hunan yn gymeriad byw yn y stori ac yn llawn sylwadau bachog, ffraeth am y sefyllfa – a chawn ein harwain i fyd hud a chwedloniaeth byd natur wrth i goed ddechrau tyfu o'i fewn. Mae'r nofel wreiddiol hon wedi ei saernïo'n grefftus a gofalus a'r tensiwn yn y ddeialog yn ddirdynnol ar brydiau. Efallai mai'r unig feirniadaeth sydd gennyf yw fod ambell fonolog yn bytiog iawn ac yn amharu ychydig ar lif y darllen.

A dyma ni'n cyrraedd goreuon y gystadleuaeth.

Corryn, 'Lloerig': Mae darllen am farwolaeth hogyn 16 oed yn heriol ond yn nwylo awdur mor fedrus â *Corryn* mae sensitifrwydd y dweud yn gyfle i archwilio nifer o themâu grymus megis rhywioldeb, galar, euogrwydd a themtasiwn. Adroddir y stori afaelgar hon ar ffurf llif ymwybod y fam, Mair, yn dilyn hunanladdiad ei mab, Kevin, ac yntau wedi rhoi llun rhywiol ohono'i hun ar y We. Cyflwynir y llif ymwybod drwy naratif cyfan heb ei atalnodi ac er y gallai hyn eto fod yn heriol ar yr olwg gyntaf mae'n arddangos crefft arbennig yr awdur i gynnal rhythm y dweud a llif y stori – i'r graddau na chefais unrhyw anhawster i'w ddarllen. Drwy lygaid Mair, felly, y down i adnabod ei gŵr, Martin, a'r berthynas a'r tensiynau rhyngddynt ac yn araf, ofalus cawn wybod mwy am berthynas Kevin a'i gariad, Megan, a'i gylch o ffrindiau. Mae'r athro a'r blaenor ifanc, Rhodri, yn ganolog i ddatblygiad y nofel er tybed nad yw'n rhy amlwg weithiau fel gwrthbwynt i weithredoedd/dyheadau Kevin a'i fam.

Dyma nofel hynod grefftus ac mae haenau o ddyfnder mewn sawl ymadrodd. Mae'r modd y mae'r fam yn ei chael hi'n anodd hyd yn oed i yngan y gair 'hunanladdiad' yn sobreiddio rhywun ond mae'r awdur hefyd yn gwybod pryd i ysgafnhau'r dweud efo llinellau megis 'bod Sais ar draeth yn talu'n well nag unrhyw fuwch mewn cae'. O'r frawddeg gyntaf teimlais ein bod yng nghwmni awdur arbennig a byddai'n braf i eraill gael y cyfle i ddarllen y gwaith.

Cwmwl, 'Y Stori Orau': Mae'r frawddeg agoriadol, 'Dere, ferch! Dere gyda fi am dro' yn adleisio llinell gyntaf cyfres o gerddi adnabyddus Dafydd Rowlands, 'Dere, fy mab, i weld rhesymau dy genhedlu' wrth i'r bardd ei dywys o amgylch ardal ei fagwraeth. Cyflwyniad tebyg a gawn yn y nofel afaelgar hon wrth i ni gael cip ar y berthynas arbennig, gyfriniol bron, rhwng dau berson. Ond y tro hwn *road trip* y ferch Swyn a'i mam sengl (na chaiff ei henwi) a gawn wrth i'r ddwy ymweld â nifer o lefydd arwyddocaol yng Nghymru sydd yn rhan o'u hetifeddiaeth a'u ffurfiant. Cawn ymuno â'r ddwy yn yr hen VW wrth iddynt ymweld â llefydd mor amrywiol â chofeb Waldo ger Mynachlog-ddu, Ystrad Fflur, Llyn Celyn ac Aberdaron. Ond nid llyfr taith confensiynol yw'r gwaith hwn a heb ddatgelu gormod mae'n gyfle i'r ddwy ddod i adnabod ei gilydd ac i ninnau ddeall gwir natur perthynas wrth iddynt drafod materion ingol canser, anorecsia a bygythiad trais rhywiol. Yn gymysg â llif naratif y daith, clywn y fam yn adrodd straeon a chwedlau i'w merch gan roi goleuni pellach ar berthynas pobl â'i gilydd – boed yn stori Jacob sy'n sylweddoli'n rhy hwyr nad yw'r byd yn berffaith neu hanes Gloria, y storiwraig, sy'n canfod y stori orau yn y byd ond yn methu â'i hadrodd. Er bod y mynegiant yn ymddangosiadol syml mae'r awdur yn gwybod yn union sut i drin geiriau a cheir cyffyrddiadau gogleisiol yn gymysg â sylwadau crafog am fywyd ac wrth ailddarllen y gwaith roedd haenau ychwanegol o ystyron yn dod i'r amlwg. Dyma awdur sy'n feistr ar gyfleu perthynas cymeriadau â'i gilydd ac er bod yma ambell frawddeg amlgymalog ac y byddai'n bosib cwtogi yma ac acw, brychau yw'r rhain mewn nofel hynod o bwerus.

Yn ddiddorol, mae yna gryn debygrwydd yn themâu *Corryn* a *Cwmwl* er bod eu harddull yn wahanol iawn ac mi fues yn pendroni'n hir pwy fyddai'n ennill y Fedal. O drwch blewyn, *Cwmwl* sy'n mynd â hi.

Y mae sôn byth a hefyd heddiw am ymestyn y terfynau mewn llenyddiaeth – rhyddiaith yn arbennig – ac fe all yr 'ymestyn' hwn arwain at weithiau y mae eu darllen yn fwy o ymaflyd codwm ymenyddol nag o bleser ymlaciol. Onid yw'n bryd ailbwysleisio'r hanfodion, ac yn eu hanfod y mae elfennau'r byd llenyddol yn rhai syml: *beth* a fynegir a *sut* y mynegir ef - y cyflwyniadol a'r mynegiannol. Mewn geiriau eraill: beth a ysgrifennir, a sut yr ysgrifennir ef?

Yng nghystadlaethau'r Genedlaethol y mae rhagori yn y ddeubeth yn bwysig, gyda'r prif bwyslais yng nghystadleuaeth Gwobr Goffa Daniel Owen ar y cyntaf ac yng nghystadleuaeth y Fedal Ryddiaith ar yr ail. Felly, er y bu peth gwamalu yn ystod y blynyddoedd diwethaf, y mae'r dafol yn symud yn bendant tua'r dweud yng nghystadleuaeth y Fedal ac yn groes i hynny yn y Daniel Owen. O'r safbwynt hwnnw yr euthum ati i feirniadu.

Derbyniwyd 16 cyfrol, pob un yn driw i'r testun, er bod ambell gwlwm yn llacach na'i gilydd. Yn gyffredinol, roedd safon yr iaith yn llawer gwell nag mewn cystadlaethau blaenorol y bûm yn eu beirniadu. Mae'n amlwg i bob awdur gymryd y gystadleuaeth o ddifri, a diolch iddyn nhw am eu llafur.

Dosbarth 3
Cysgod, 'Synfyfyrion': Hen ŵr cant oed a geir yma yn hel meddyliau ar ddydd ei ben-blwydd gydag atgofion am ddigwyddiadau a damweiniau yn ei fywyd; yn beirniadu pawb a phopeth hefyd: arferion yr ifanc, S4C, papurau Cymraeg a'r fasnach lyfrau. Mae ambell ran yn addo gwell nag sy'n gyffredinol yn y gyfrol, ond mae llawer o wallau ynddi, a sawl brawddeg yn awgrymu mai cyfieithiad o'r Saesneg ydyw. Dyma enghraifft: 'Hyd yn oed os dydd arbennig oedd ef'('Even if it was a special day').

K, 'Clymau': Dyma awdur gyda dychymyg, ond dychymyg heb ei reoli ydyw, a stori heb ei chynllunio'n ddigon gofalus. Mae hi'n ddryslyd tu hwnt ac mae ynddi gymeriadau megis Donna a Llifon Llaeth nad oes diben eu cynnwys gan nad oes fawr o ddatblygiad yn eu perthynas. Ceir ynddi ambell gyffyrddiad addawol, a phlyciau o ysgrifennu cywir yma a thraw sy'n addo gwell. Ond addewid heb ei chyflawni ydyw. Mae llawer o wallau ynddi hefyd – cenedl enwau, camdreiglo, a'r acen grom.

Llîd, 'Deheubarth': Gwaith sy'n arddangos clyfrwch a gwreiddioldeb mewn ffantasi siwdohanesyddol (disgrifiad yr awdur) sy'n gosod cyfnod Nest, merch Brenin Deheubarth, cyfnod o greulondeb ac arteithio arswydus, ar gefndir cyfoes. Dyma awdur sy'n amlwg yn feistr ar y Gymraeg, gyda dawn ddisgrifio bendant, er bod llawer o wallau yma, rhai sy'n arddangos diofalwch o bosib: pechod anfaddeuol gan nad dyma'r tro cynta i'r nofel hon fod yn y gystadleuaeth. Prif fethiant y gyfrol, fodd bynnag, yw methiant i impio'r ddau gyfnod yn uned gredadwy. Mae angen cynllunio manwl a saernïo gofalus i osod erchyllterau ddoe ar gefndir heddiw.

Dyma Fo!, 'Fo': Math o hunangofiant sydd yma yn dechrau yn y groth, cyfrol sy'n 'gymysg oll i gyd' gyda rhannau gwirioneddol ddoniol ynddi a llawer o glyfrwch, digon o gyfeiriadaeth lenyddol hefyd a gwybodaeth o Gymru a'i phobl. Ond yn y cyfan hyn ceir tuedd i fynd dros ben llestri, gyda straeon rhy hir a chymysglyd, ac ambell gamgymeriad amlwg fel ysgrifennu dyddiadur yn y trydydd person. Mae yma gamp ond mae yma remp hefyd.

Y Ceffyl Coch, 'Pan ddisgynnodd y Bensel': Athro ysgol yn gafael yng nghlun Rhiannon, disgybl chweched dosbarth, wrth godi pensel o'r llawr mewn sefyllfa gwers un i un, a'r rhieni yn cyflwyno cwyn i'r ysgol. Sefyllfa addawol, a phe bai'r prifathro wedi cynllwynio'n fwriadol i guddio'r ffaith er mwyn achub croen yr athro, byddai'n sail i stori gredadwy, ond fel y mae hi dydy hi ddim. Mae'n trafod yr achos fel un difrifol, ac felly mewn achos o'r fath rhaid i'r prifathro, o dderbyn y gŵyn, anfon yr athro o'r ysgol ar unwaith a chysylltu â'r heddlu. Dyna'r drefn, ond mae'r prifathro yn yr achos hwn hyd yn oed yn ysgrifennu tystlythyr i'r troseddwr er mwyn iddo gael swydd mewn ysgol arall. Sefyllfa gwbl annilys sy'n drueni gan fod yma awdur sy'n dangos addewid bendant ond a luniodd stori annerbyniol fel y cyflwynwyd hi.

Cwlwm Dau, 'Clymau': Hanes gwniadwraig sydd wedi sefydlu ei busnes gwneud dillad ei hun yng Nghymru, ac sy'n gorfod mynd i America lle mae'n gwerthu llawer o'r ffrogiau, ac yno'n cyfarfod gweddw yr un a oedd yn gwerthu drosti mewn siop yn Vermont. Rwy'n siŵr i'r awdur lafurio'n ddygn gyda'r nofel hon, ac y mae'r iaith yn gywir; ond yn anffodus does dim sbarc ynddi, dim ymgais i greu cefndir i ddigwyddiadau a chyfarfyddiadau, na datblygu cymeriadau. Perygl ysgrifennu yn y trydydd person yw 'dweud am' yn hytrach na 'dweud', a dyna sy'n digwydd drwyddi draw. Dyw cofnodi i ddau berson fwynhau pryd o fwyd efo'i gilydd yn golygu dim oni ddarlunnir y mwynhad hwnnw. Dyna wendid sylfaenol y nofel.

Dosbarth 2

Guto Nyth Brân, 'Nythu': Nofel fer am breswylwyr stad o dai drwy lygaid Luned, un o'r preswylwyr, sy'n ffansïo'r dyn amheus a ddaw i fyw i un o'r tai. Hefyd yn y stad mae dau ddyn y tybia Luned eu bod yn bartneriaid hoyw. Mae cryn dipyn o ymwneud rhwng y cymeriadau hyn ond mae yma ddiffyg manylu ar y cymeriadau ac ar y stad ei hun. O feddwl ei bod yn gyfreithwraig, mae Luned yn od o ddiniwed. Mae'r ysgrifennu yn gywir a'r mynegiant yn ddidramgwydd, yn dangos addewid ond heb fod yn arbennig. Mae'n swnio'n debyg i nofel wedi ei chyfansoddi ar gyfer dosbarth ysgrifennu creadigol, gyda rhyw fath o demplat wedi ei osod ar gyfer y creu. Dyna'r argraff, anffodus braidd, y mae'n ei chyfleu.

Baramwndi, 'Y Tŷ ar y Clogwyni': Mae chwedl Nant Gwrtheyrn yn sail i'r nofel hon gan mai chwarae gêm guddio cyn eu priodas y mae Kai a Morfudd: hi'n cuddio, yntau'n chwilio amdani. Caiff amrywiaeth o brofiadau, ac mae'n gweld Morfudd mewn gwahanol fannau a chyfnodau. Yn wir, y mae rhannau o'r stori yn debyg i gêm neu antur gyfrifiadurol, a thra'n edmygu'r dychymyg, mae llawer o bethau od yma hefyd: gorymdrech i fynegi'n wreiddiol a methu, megis defnyddio 'diniwed' i ddisgrifio ystafell. Mae gormod o athronyddu yma, a chyfnodau hir a diflas lle nad oes dim yn digwydd. Ceir hefyd enghreifftiau o ormes y Saesneg: 'tynnu ... ei jîns glas ymlaen', 'gwylia allan', 'a chymryd yr olygfa i mewn'. Nid yw'r darnau barddoniaeth ar ddechrau penodau yn ychwanegu dim at y gyfrol.

Grannell Meurig, 'Y Cwilt': Cyfrol o 12 stori fer lle mae perthynas yn hanfod pob stori a'r amgylchiadau a'r lleoliadau yn ddyfeisgar. Mae syniad da yn y stori gynta sy'n rhoi'r teitl i'r gyfrol, lle mae Elen yn datgymalu cwilt sy'n symbol o ddatgymaliad ei phriodas. Hoffais yn arbennig y stori 'Lluwch' lle mae dau frawd yn clirio lluwch o eira o ddau gyfeiriad gwahanol ac yn graddol ddynesu at ei gilydd, gyda'r lluwch a'r dynesu yn symbolau o'r anghydfod a oedd rhwng y ddau frawd a'u hymdrech i gymodi. Mae peth dweud da yma ochr yn ochr â dweud afrosgo. Cyfrol anwastad sydd, serch hynny, yn llawn addewid.

Zeus, 'Llinach': Saga deuluol dros sawl cenhedlaeth a geir yma. Stori Eleni ydy hi mewn gwirionedd gyda'r hyn sydd wedi ei gerfio fel rhan o'r llwy garu yn cynrychioli gwahanol gysylltiadau a chyfnodau. Mae llawer i'w ganmol yn y gyfrol a rhai darnau yn argyhoeddi. Nid yw'r mynegiant drwyddi draw yn ddigon tyn ac arbennig i gystadleuaeth y Fedal, ac o'i helaethu, byddai efallai yn fwy addas ar gyfer cystadleuaeth y Daniel Owen. Mae yma rai disgrifiadau hen ffasiwn hefyd, megis y disgrifiad o ambell ferch gyda 'gwasg fain'. Y mae'r amwysedd ar y diwedd un yn effeithiol iawn.

Afallon, 'Llestri Te a Pharasól a straeon eraill': Cyfrol o straeon byrion ar ymylon y Dosbarth Cyntaf. Y mae digon o amrywiaeth yn y deg stori, a'r gyntaf, sy'n stori fer iawn, yn addo'n dda; addewid nas cyflawnwyd yn llawn efallai. Nid yw pob stori cystal. Teimlwn gydag 'Enwi Rhosyn' fod yr awdur yn trin y cymeriadau braidd fel pypedau i wneud ei ddymuniad o, yn enwedig Hubert y Cymro a oedd yn cymryd arno ei fod yn Ffrancwr. 'Llinyn arian' yw'r stori a hoffais fwyaf, stori pum cenhedlaeth; tipyn o gamp oedd camu dros yr holl flynyddoedd mewn stori fer, ond fe lwyddwyd, ac mi hoffais yr awgrym cynnil yn y frawddeg ola o'r olyniaeth yn parhau. Mae yma beth dweud da, er enghraifft 'Tomos yn tywallt ei hun i mewn i'r ystafell', '... llinynnau gofid yn lapio o gwmpas ei chalon'. Mwy o ymadroddi arbennig fel yna, mwy o geinder yn yr ysgrifennu a byddai'r gyfrol hon yn llawer uwch yn y gystadleuaeth. Cyfrol werth ymlafnio â hi.

Alia, 'Bwrw Dail': Geiriau Alwyn, gŵr y tŷ, yw'r allwedd i'r gyfrol: 'Pobl yn meddwl eu bod nhw uwchlaw natur. Tyda ni ddim.' Mae grym natur yn y stori hon, stori y mae syniad gwreiddiol o goeden yn tyfu oddi mewn i'r tŷ yn sail iddi. Mae'r grym ar waith yn y tŷ ei hun, ac yn dod hefyd yn sgil marwolaeth y ferch, Meinir, pan oedd yn saith oed. Daw hon yn agos i'r Dosbarth Cyntaf am fod ynddi lawer o ddweud trawiadol ac ysgrifennu da, megis 'Dw i'm yn meddwl fydda i fyth yn gawr sy'n bont' a 'Gwerthu tŷ ydan ni Alwyn nid mynd i ryfel'. Mae'r ffraeo rhwng y gŵr a'r wraig yn argyhoeddi hefyd. Yr hyn sy'n ei chadw o'r Dosbarth Cyntaf i mi yw y gwallau sydd ynddi, gormod i fod yn esgeulustod, a brawddegu llac hefyd: 'Sa waeth ni wedi peintio'r tŷ yn binc.'

Dosbarth 1
Erin, 'Aros': Dwy stori gyfochrog ar y dechrau am bedwar yn mynd i Iwerddon: Cen, cyn-athro, person diwylliedig wedi crwydro oddi ar y llwybr cul i werthu cyffuriau gyda'i gydymaith Ash, cyn-garcharor; a Dafydd a Gwenno feichiog sy'n mynd ar wyliau mewn carafán. Yn anorfod, mae eu llwybrau'n croesi a cheir stori afaelgar gyda deialogau ystwyth a chyfeiriadaeth sy'n arddangos cryn wybodaeth. Mae llawer o enghreifftiau o ysgrifennu coeth yma gyda'r iaith yn gywir ar y cyfan. Canolbwynt y stori yw cuddio'r cyffuriau, ond y mae yna ryw elfen o ddiffygio tua'r diwedd ac angen ailedrych ar y rhannau ola eto heb lyffethair y deugain mil geiriau; dylid edrych hefyd ar iaith y pedwar, sydd braidd yn rhy debyg

i fod yn effeithiol. Byddai llai o regi gan gwpl y garafán efallai'n pwysleisio y gwahaniaeth rhyngddynt. Ond a ydy hi allan o'r gystadleuaeth? Mae llawer iawn o Saesneg ynddi, gwendid y mae'r awdur ei hun yn ymwybodol ohono, a'r cyfan yn ddiangen gan ei bod mor hawdd cyfleu mai Saesneg yw'r iaith. Y mae rheol yr Eisteddfod yn nodi yn bendant ddiamwys mai defnydd 'prin iawn' o'r Saesneg a ganiateir. Ond does dim rhaid gofyn y cwestiwn gan nad yw'n cyrraedd safon y Fedal fel y mae. Ond mae'n werth ymdrafferthu â hi.

Eos, 'Cwlwm Chwech': Mae'r cliw yn y teitl: chwe stori ond gyda chyswllt rhyngddyn nhw, weithiau'n ysgafn awgrymog, dro arall yn fwy pendant, gyda'r stori olaf yn clymu'n ddeheuig gyda'r gyntaf i roi undod i'r cyfan. Nid yw'r iaith yn arbennig yma, ond mae'n gweddu i'r straeon bob tro ac i'r cymeriadau sy'n eu hadrodd. Bu'r gyfrol hon neu fersiynau ohoni mewn cystadlaethau o'r blaen ac mae'n amlwg i'r awdur elwa o'r beirniadaethau a gafodd y troeon hynny. Mae'n werth ei chyhoeddi gydag awgrym pendant i ddileu y frawddeg, 'Mae rhywbeth yn ein clymu ni i gyd at ein gilydd on d'oes.' Mae'r gyfrol yn dangos hynny a dydy beirniaid na darllenwyr ddim yn dwp!

Dyma, felly, ddod at y ddwy gyfrol y mae'n rhaid i mi ddewis rhyngddynt am y Fedal eleni.

Corryn, 'Lloerig': Ymson neu lif yr ymwybod yw'r gyfrol hon o'i dechrau i'w diwedd, ac y mae'n glyfar tu hwnt. Mae Mari'r fam yn coginio gan ei bod yn 'ddiwrnod dathlu' a chawn hanes trasig ei theulu yn yr ymsoni; hi yn grefyddol tu hwnt, ei gŵr, Martin, yn wleidyddol a Kevin, y mab, wedi cyflawni hunanladdiad yn 16 oed, yn dilyn camddefnydd dybryd o'r We. Mae yna un cymeriad arall hollbwysig, sef Rhodri yr athro ffiseg, ond a yw'r tro yn y gynffon yn argyhoeddi yn llwyr? Ddim yn hollol i mi efallai, ond ymataliaf rhag dweud mwy gan y bydd y gyfrol hon gobeithio yn gweld golau dydd. Mae yma awdur tu hwnt o ddeallus ac y mae'r dweud yn glyfar iawn, yn ymddangos weithiau yn ddigyswllt ond dydy o ddim ac mae'r gwead yn dynn.

Cefais fy swyno gan y dweud: 'Annwn y cyfryngau cymdeithasol', 'safonau moesol – sef y glud sy'n clymu cymdeithas ynghyd', 'Sais ar draeth yn talu'n well nag unrhyw fuwch mewn cae'. A'r frawddeg hon – disgrifiad o'r gyfrol efallai – '... fy ymennydd wedi ei sgramblo yn un clytwaith o ddelweddau ac yn rhibidires o eiriau'.

Ond, ac y mae'n ond go fawr: y mae yna broblem efo'r gyfrol hon i mi. Does dim atalnodi ynddi ar wahân i brif lythyren ar ei dechrau ac atalnod llawn ar ei diwedd. Ie, 'rhibidires o eiriau' ydy hi. Mae'n gwneud y darllen yn anodd a rhaid gofyn y cwestiwn a yw hyn yn angenrheidiol ynteu ai gimic ydyw? Confensiwn, meddir, yw atalnodi, cymorth i ddarllen hwylus a synhwyrol, nid cyfres o reolau i'w dilyn. Efallai wir. Ond os anwybyddu confensiwn pam dechrau gyda phrif lythyren a gorffen ryw ddeugain mil o eiriau yn ddiweddarach gydag atalnod llawn? A oes yma, fel yr awgrymais ar y dechrau, enghraifft o geisio ymestyn y terfynau, a beth fydd hi nesa: anwybyddu rheolau gramadeg, dileu treigladau, sillafu rhywsut rywsut, cymysgu cenedl enwau? Mae'r posibiliadau yn ddiderfyn!

A rhaid gofyn y cwestiwn: a oes angen y llifeiriant diatalnod i gyfleu llif yr ymwybod? Fe lwyddodd Caradog Prichard ac awduron eraill i wneud hynny'n llwyddiannus a dilyn confensiwn atalnodi'r frawddeg yr un pryd.

Cwmwl, 'Y Stori Orau': Os cefais fy swyno gan waith *Corryn* – er nad gan ei ddiffyg atalnodi – cefais fy nghyfareddu gan gyfrol *Cwmwl*. Ar yr wyneb y cyfan a wneir yma yw adrodd am berthynas mam a merch, wrth iddyn nhw fynd ar daith mewn fan i wahanol rannau o Gymru. Y mae'r ddwy yn debyg iawn i'w gilydd a'r tebygrwydd yn cael ei bwysleisio gan bethau syml megis y ffaith fod y ferch Swyn yn etifeddu'r fan gan ei mam. Pererindod dwy anghonfensiynol yw'r gyfrol ynghyd â'r straeon y mae'r fam yn eu hadrodd wrth y ferch, ac arwyddocâd y rheiny. Ac wrth sgwrsio â'i gilydd ar eu taith mae mabinogi'r ddwy yn cael ei wau i mewn yn gelfydd i'r dweud. Mae ambell gymeriad arall ynddi hefyd: y dyn sy'n dad i Swyn, a Gwydion, hen gariad iddi. Ond y ddwy yw'r cymeriadau pwysig ac y mae'r modd y dadlennir gwahanol agweddau ar eu personoliaeth yn ystod y daith yn grefftus tu hwnt. Down i'w hadnabod yng nghwmni awdur sy'n athrylith. Y mae yna dro annisgwyl, syfrdanol yn wir, yn y stori – os tro yw'r disgrifiad cywir – ond taw piau hi rhag ei difetha trwy ddadlennu beth ydyw.

Gair am y dweud, felly – nod amgen cystadleuaeth y Fedal. Mae ynddi ysgrifennu sydd yn codi croen gŵydd arna i, yn y deialogau meistrolgar rhwng Swyn a'i mam, yn y dweud cynnil a'r doethinebu ysbeidiol: perlau mewn cyfrol sy'n gyson dda. Dyma enghreifftiau: 'Brenhines y siarad gwag' [cameo perffaith o berson mewn pedwar gair!]; 'Cyffes? Dim ond yr euog sy'n cyffesu'; 'Swyn wnaeth fy nofi i, er mai hi oedd fy ngweithred fwyaf gwallgof.'

Adroddir pedair stori gan y fam, ac er y gellid dadlau bod ambell un ohonynt braidd yn faith, y maent yn cael eu goleuo gan gwestiynau a sylwadau cryptig Swyn wrth iddi dorri ar ei thraws, dyfais sy'n talu ar ei chanfed bob tro: 'Rywbryd ... roedd yna ddyn ...'. 'Oedd mae'n siwr,' prepiodd Swyn heb edrych arna i. 'Yn does 'na bob amser.'

Does dim angen ymhelaethu. I mi, y mae'r gyfrol hon yn sefyll ysgwydd wrth ysgwydd gyda'r cyfrolau gorau a enillodd y gystadleuaeth hon yn ystod y blynyddoedd diwethaf. Cytunaf fod *Corryn* yn deilwng o'r Fedal hefyd, er y byddai'r anwybyddu ar atalnodi yn gwneud i mi betruso dyfarnu'r Fedal iddo. Yn ffodus does dim rhaid i mi benderfynu ar hynny, gan mai o'r ddwy, cyfrol *Cwmwl* yn bendant yw'r un i mi.

SILFF

'Ti ar *mute*, Llinos.'

Gwenaf yn lletchwith. Pryd fydd y drefn newydd yma'n troi'n arfer difeddwl? Cofio fod rhaid pwyso botwm cyn agor eich ceg.

Dw i'n ailddechrau fy mrawddeg. Un ro'n i wedi ei pharatoi'n drylwyr, wedi pwyso a mesur pob gair. Mae'r manylion yn cyfrif llawer mwy nawr mae popeth mewn ffocws. Alla i ddim suddo i mewn i 'nghadair fel roeddwn i'n arfer ei wneud yn yr ystafell gyfarfod, a chael fy ngharia ar donnau lleisiau pobl eraill. Nid fod hynny'n golygu nad oes gen i ddim i'w gyfrannu, dw i'n fwy petrusgar na phobl eraill, yn ei chael hi'n anodd hawlio gofod i'm llais. Mae popeth wedi newid gyda chyfarfodydd Zoom; rhaid i bobl dewi i roi cyfle i eraill gael eu clywed.

'I'm sorry, we missed a few words, Llinos, the translator said you broke up, we got the bit about integration ... I liked your point – carry on.'

'Ymddiheuriadau, mae'r cysylltiad di-wifr yn cael ei weithio'n galed yn ein tŷ ni heddiw.'

Roedd y plant yn gwylio Netflix i lawr grisiau, y gŵr yn lawrlwytho rhyw ffeil. Roedd hi'n stori debyg ym mhob tŷ ar y stryd, debyg. Be fedrwn i wneud? Petawn i'n troi Netflix i ffwrdd fyddai 'na draed bach yn dod i mewn ac yn mynnu sylw? O leia ro'n i'n gallu ymuno â'r cyfarfod fel hyn a gweithio fin nos i ddal i fyny, fel arfer rhwng deg ac un y bore, ar ôl i'r plant gysgu, ar ôl glanhau'r gegin. Bwydo'r gath. Hel dillad o'r lein.

Doedd y drefn newydd ddim yn ddrwg i gyd. Dechreuodd pobl sylwi arna i. Pan aethon ni i mewn i'r cyfnod clo cyntaf roedd 'na banig ynglŷn â sut roedd y sefydliad am wneud ei waith; sut yn y byd oedd darparu gwasanaeth call, meithrin perthynas â phobl? Fi oedd yr un â'r manylion, yr un oedd yn gallu dadansoddi'n gyflym, yn gallu ateb anhrefn byd-eang â threfn newydd feicro oedd yn gwneud synnwyr yn ein seilo bach ni. Ac am y tro cyntaf, ro'n i'n gallu synhwyro, bron yn gallu arogli gwerthfawrogiad, dyrchafiad. Bydd swydd un o'r penaethiaid yng Nghymru yn wag cyn bo hir; chydig fisoedd yn ôl fyddwn i byth wedi ystyried ymgeisio, ond nawr ...? Roedd y byd yn newid ... fy myd i'n newid ...

'Ti ar *mute* eto, Llinos.'

Oeddwn, roeddwn i ar *mute*. Roedd hi'n teimlo fel mod i wedi bod ar *mute* ers amser hir iawn.

Edrychais arna fy hun ar y sgrin, yr hyn yr oedd pawb arall yn y cyfarfod rhithiol yn gweld ohona i. Y wal wen. Y lamp. Y silff. Doedd ganddyn nhw ddim syniad am y llanast dillad wrth fy nhraed, na fy mod i'n dal yn fy nhrowsus pyjamas yn hynna o beth. Newydd osod y silff oeddwn i dros y penwythnos i roi chydig bach o gymeriad i'r olygfa ddangoswn tu ôl i fi, sef cornel fach o'n hystafell wely. Roedd y cyfarfodydd camera'n wahoddiad i mewn i fywyd rhywun, a'r ffiniau rhwng bywyd personol a gwaith yn dymchwel yn araf bach. 'Dewch â'r person cyfan ydych chi i'r gwaith,' medden nhw. Doeddwn i ddim eisiau, ro'n i'n hapus iawn i adael y ceir bach, deinosoriaid twrci a'r bin cewynion ar ôl a dianc i'r gwaith, ond nawr do'n i ddim yn gallu gwneud hynny hyd yn oed.

Tybed oedd y lleill yn meddwl gymaint â fi am yr argraff roedden nhw'n rhoi i'r byd? Y gwrthrychau allent arddangos tu ôl iddynt oedd yn rhoi rhyw gredadwyedd ffuantus. Ro'n i fel 'ma ym mhob cyfarfod, wrth fy modd yn cael sbec ar eu cartref, o'u cynefin naturiol. Trown unrhyw fanylyn bach yn naratif crefftus oedd yn llenwi rhyw fwlch yn fy adnabyddiaeth ohonynt. Cymrwch Gareth, er enghraifft, bachgen annwyl iawn. Doeddwn i ddim yn meddwl fod ganddon ni ryw lawer yn gyffredin – dim ond am hyn a hyn o amser allwn i siarad am bêl-droed gydag e. Ond wythnos diwethaf, roedden ni mewn cyfarfod hir ac fe gododd baned o de i'w hyfed. Roedd logo 'Yes Cymru' ar y mŵg. A finnau'n meddwl nad oedd asgwrn gwleidyddol ynddo. Roeddwn i ar dân eisiau cael sgwrs gydag e am y peth – pryd ddechreuodd e gefnogi annibyniaeth? A oedd e'n aelod? Beth oedd ei deulu'n ei feddwl? Faswn i byth wedi gwybod hyn heb iddo ddangos y mŵg, ac yn y gwaith fydden i mond yn defnyddio mygiau wedi eu cael am ddim o fan hyn a fan draw.

Cefndir chwaethus iawn oedd gan Jane, un o'r prif weithredwyr. Roedd hi'n tueddu i eistedd mewn rhannau gwahanol o'i thŷ teras yn Llundain, lliwiau cyfoethog y waliau fel machlud haf ym Mae Ceredigion. Faswn i byth yn gallu bod mor ddewr yn fy newis o liwiau. Darnau anferth o gelf ar rai o'r waliau; doedd hi byth yn eistedd ymhell o gerflun o ryw fath, p'run ai oedd pob un yn waith gwreiddiol neu'n dod o IKEA, allwn i ddim dweud. Edrychai popeth fel lluniau o Pinterest, roeddwn i'n chwilio am flerwch – am unrhyw arwydd fod bywyd ddim mor hawdd ag roedd hi'n ei wneud i edrych, fel gweddillion pryd parod wrth ymyl y gegin marmor lle roedd hi'n gweithio weithiau, neu weld ei biniau a sylwi nad yw hi'n ailgylchu.

'I have to say, I think you've all done really well in ... what do they say ... this unprecedented time. I know we're all working from home, but we'll separate the wheat from the chaff when we see what people will have achieved.'

Doedd dim syniad gan Jane sut beth oedd hi i ofalu a dysgu plant a thrio gweithio'r un pryd. Roedd hi fel pe bai'r olwyn wedi dod yn rhydd o'r car, y car yn gwibio i lawr y draffordd tra'n ymwybodol fod y llawr yn symud oddi tanat hefyd. A bob tro eisteddwn i lawr â phaned i edrych ar y newyddion a cheisio deall beth oedd yn digwydd, roedd y golygfeydd yn arallfydol. Tawelwch dinasoedd mwya'r byd. Nyrsys yn llefain tu allan i ysbytai. Beddau torfol yn Efrog Newydd.

Roedd y platiau tectonig yn symud oddi tanon ni. Roedd 'na ddaeargryn yn digwydd, ond doedden ni ddim yn ei weld nac yn ei glywed, ond mi roedd e'n digwydd. Deuai'r dirgryniadau'n nes. Deffrais yn llefain neithiwr. 'Nes i weld Mam a'i phen fel wy a'i chroen fel lliw'r lleuad. Hi oedd yno ond roedd hi'n wahanol. Siaradodd â fi: 'Mae'n rhy hwyr, dw i wedi marw.' 'Gest ti'r feirws, Mam? Dyw hi ddim rhy hwyr,' meddwn i. Edrychais ar fy ffôn. Tri y bore oedd hi a'r unig beth ro'n i eisiau gwneud oedd ei ffonio achos ches i ddim breuddwyd mor glir ers amser maith. Ond breuddwyd oedd hi.

Ar Facetime yn ddiweddarach, doedd gan Mam a Dad ddim syniad am y pryder oedd wedi 'neffro i yn y nos. Roedden nhw'n fodlon yn eu rhigol o ymweld â siop y pentref bob yn eilddydd, palu'r ardd a thaclo'r garej oedd wedi bod mewn 'stad ofnadwy ers blynyddoedd'.

Curodd rhywun ar y drws, ac aeth Dad i'w ateb.

'Wncwl Tec sy na,' meddai Mam. 'Wedi dod i drafod tŷ Mam-gu yng Nghei Gwyn. Maen nhw wedi ei werthu fe o'r diwedd. Byddwn ni'n falch bod hynna 'di sortio.'

'Mam, dw i'n siŵr fod Wncwl Tec yn y cyntedd – dwedwch wrtho fe am fynd allan, dyw e ddim i fod yn y tŷ!'

'Be? O ie ... na, na, dyw e ddim.'

Roedd cael *babyboomers* i ddeall sut i ymddwyn mewn pandemig fel cael cathod i nofio mewn dŵr.

Dyna sut penderfynais i beth i roi ar fy silff newydd. Antîc ar ôl fy mam-gu. Wel, dyw e ddim yn werthfawr siŵr o fod, ond mae ei gael o'n agos yn gwneud i fi deimlo'n agosach ati hi, at gyfnod o'r gorffennol oedd yn gysurus, yn sicr o un diwrnod i'r llall. Mynd i lawr i Gei Gwyn ac awel y môr yn llenwi fy ysgyfaint. Hel crancod a chregyn yn fy mwced bach, yna nôl i dŷ Mam-gu i gael brithyll wedi'i ffrio mewn menyn. Fâs fach loyw yw hon ag ymylon llyfn a rhyw batrymau bach wedi eu peintio ar ei gwaelod. Pethau oedd wedi colli eu cartref oedd wedi mynd i mewn iddi ac ambell geiniog sbâr. Roedd ei rhoi hi ar fy silff yn rhoi gorffennol i fi, gwreiddiau na allai neb eu cymryd oddi wrtha i er mod i'n byw yn bellach nag erioed. Doeddwn i erioed wedi dychmygu bod mor hir heb fynd yno, heb fynd â fy mhlant yno ...

Ambell lyfr wedyn, i ddangos mod i'n eangfrydig. Teitl ambell Lyfr y Flwyddyn ac ambell *Lonely Planet*. Llyfr nodiadau hanner gwag 'nes i ddechrau pan fues i'n teithio gyda'r gŵr. Cyn i'r plant ddod. Sgrapiau o nodiadau am freuddwydion, ein cynlluniau gyda'n gilydd, plot nofel 'nes i fyth ei sgwennu. Pethau oedd yn bosib cyn sylweddoli bod rhaid goroesi a chwarae gêm. Pethau sy dal yn fy nghalon ond fod fy mhen yn dweud fod y cyfle 'di golli, mod i'n berson gwahanol nawr. Yn fenyw sydd eisiau dyrchafiad er mwyn prynu tŷ â gardd i'r plant. Ac erbyn hyn mae'r goroesi wedi troi'n feddylfryd byw mewn jyngl, a feirws pigog gwyrdd (yn ôl llun y feirws ar y cyfryngau) yn aros ei gyfle i neidio arnoch.

Ac yn olaf ar y silff, mewn dysgl wydr mae pedwar *bath bomb*. Anrheg drwy'r post gan ffrind da, i fy helpu i ymlacio. Roedden nhw mor hardd, yn gymylau o binc a glas ar y silff. Roedd eu gweld nhw'n ffrwydro yn y dŵr yn dod â boddhad. Ac wrth i mi suddo i mewn i'r pwll gliterog, dw i'n gweld fy hun yn y drych – yn hŷn, di-siâp – ond rwy'n ysgafn yn y dŵr. Daeth Jac i mewn â gwydred o win i fi un noson tra ro'n i'n gorweddian.

'Dw i'n meddwl mai dyma'r peth mwyaf rhamantus ti 'di gwneud i fi ers amser,' dywedais gan wenu. 'Pam na wnei di ddod i mewn ataf i?'

'Ych na, dw i'm isho *glitter* yn sownd i fy mlew am ddyddiau,' medde fe.

'Na, fase hynna'n ormod o drafferth,' cytunais. A nôl â fi i wylio *Normal People* ar yr iPad gan sipian fy ngwin gwyn.

A dyna fy silff. Llyfrau, ornament a *bath bombs*. Tybed a oedd pawb arall yn darllen cymaint i mewn i'm mywyd i ag oeddwn i i'w bywydau nhw? Annhebygol, ond roedd hi'n werth ymdrechu i wneud y silff, rhag ofn.

Roedd y cyfarfod ar fin gorffen. Cododd Jane ei llaw *emoji* i ddangos ei bod am siarad.

'Just before we go, we wanted to let you know that I have moved to Wales. It's been hard to move during lockdown but we've done it now. So we won't be advertising for a new Head of Department as I will take on those responsibilities now I'm a local!'

'O, braf iawn, i ble rydych chi wedi symud, Jane?' meddai Gareth.

'A little cottage in Cei Gwyn – it's marvellous!'

Monica

Cyflwynwyd 14 stori i'r gystadleuaeth, a naws fyfyriol sydd i nifer dda ohonynt: cymeriadau'n edrych yn ôl dros eu bywydau, yn hel meddyliau am berthnasoedd a sefyllfaoedd, ac at ei gilydd does dim llawer yn digwydd. Mae'n ddigon posib mai'r pandemig sydd i gyfrif am hyn; mae wedi treiddio i bob elfen o'n bywydau, felly pam ddylai cystadleuaeth stori fer yr Eisteddfod fod yn eithriad? Ymddengys bod cyfnod estynedig o fyw heb gyswllt uniongyrchol â neb y tu hwnt i'r teulu agos wedi'n hannog i edrych i mewn. Fel y dywed cymeriad yn un o'r straeon: 'Mae'n debyg y gallwn groniclo fy mywyd a'm hachau wrth edrych yn fanwl ar y silffoedd.' Dyna mae nifer o'r cystadleuwyr wedi ceisio ei wneud.

Clefyd, 'Silff': Ceir disgrifiad o silffoedd cartref y prif gymeriad ar y dechrau, ond byrdwn y stori yw hanes gwraig weddw y mae ei hunig fab yn cael cynnig swydd yn Awstralia. Rhannwn ei gofid wrth weld ei theulu'n mudo i ben draw'r byd, ei gobaith y gall fynd i ymweld â nhw, ond yna'r tor calon dilynol yn sgil salwch coronafeirws. Mae'r stori'n darllen yn ddigon rhwydd, ond er bod y profiadau a'r digwyddiadau ynddi'n rhai ingol, does dim llawer o gyffro yn yr arddull.

Crwban, 'Trugaredd': Yng ngharchar y Berwyn, ar anogaeth ei gwnselwr, mae carcharor yn ysgrifennu cofnod o'i ran ym marwolaeth dyn a laddodd gyda'i gar ar ôl bod yn yfed. Mae'n gwbl ddiedifar ac yn llawn dicter a hunandosturi; er ei fod yn cydnabod bod y ffaith i'r rhedwr golli ei fywyd yn drist, 'rhaid ystyried fy mod i wedi dioddef degawd gyda dim ond silff lyfrau fy nghell am gwmni'. Yn ogystal â thrafod ei 'gyd-gellwr' twp, Byg, mae'n sôn am y cyfoeth mae wedi'i gronni drwy fuddsoddi mewn Bitcoin, a'r ffordd y bu'n cam-drin ei wraig. Mae hon yn stori od – does dim byd yn y cymeriad sy'n apelio at y darllenydd, a dim ymgais i wneud dim mwy nag adrodd ei hanes annymunol.

Ymadael, 'Silff': Silffoedd rhieni'r cymeriad yw man cychwyn y stori hon, silffoedd y byddai'r tad yn eu llenwi â llyfrau a'r fam yn gosod addurniadau tseina arnynt. Cawn hanes bywyd y cymeriad drwy'r hyn sydd i'w weld ar aml i silff: cadeiriau eisteddfodol, gweithgareddau'r Urdd, gweithio am flynyddoedd fel nyrs a chanu mewn côr. Naws hiraethus sydd i'r stori, a deallwn pam erbyn y diwedd gan fod y storïwr ei hun, bellach, yn llwch mewn blwch sydd wedi'i osod ar y silff ben tân. Digon difyr yw'r dweud, ond does fawr o fflach i gydio yn y darllenydd.

Olwen Rhôs, 'Y Silff': Clirio tŷ ei thaid mae Magi ar ddechrau'r stori, a daw'r silff a grëodd yntau o foncyff coeden a fu rhyngddo a'r tŷ drws nesaf i chwarae rhan bwysig yn ei bywyd. A hithau'n drwm yn ei galar am ei thaid, mae'n ailgyfarfod â hen ffrind ysgol sydd wedi dychwelyd i'r ardal ac wrth iddo yntau ailosod y silff yng nghartref Magi, mae serch yn datblygu a Magi'n gallu edrych ymlaen at fywyd hapusach. Er bod y stori'n llifo'n rhwydd, byddai'n elwa o fod yn fwy cynnil, yn enwedig wrth ddangos sut mae perthynas Magi a Griff yn datblygu.

Teleri Edlund, 'Silff': Clirio tŷ mae'r brawd a chwaer yn ei wneud yn y stori hon hefyd, gan gofio am fywyd y teulu a gwyliau plentyndod ym Mharis. Ceir disgrifiad o rwystredigaeth a phoen y ddau sydd 'bendant ddim eisiau cymryd ein hatgofion annwyl i ffwrdd o'r silff am y tro olaf'. Mae tro yn y stori – nid wedi marw mae eu mam, ond wedi mynd i fyw yn Ffrainc gyda Pierre o'r dosbarth crochenwaith. Sgerbwd stori yn unig sydd yma; er bod ynddi gyffyrddiadau da, fel y disgrifiadau o'r cloc yn tician, ar hyn o bryd mae'n darllen fel drafft cyntaf byr, a dyw'r tro ddim yn argyhoeddi.

Merch Lleiniog, 'Cocadŵdl-dŵ': Dyma, heb os, ymgais fwyaf annisgwyl y gystadleuaeth. Dyw Doti ddim yn gyrru mlaen gyda gweddill yr ieir er mai hi yw'r 'bòs', yn codi ofn ar yr adar eraill i gyd. Un diwrnod, mae'n penderfynu arwain chwyldro; wedi'r cyfan, 'Ydan ni eisiau byw yn yr hen gwt tyllog, drafftiog oer na y Gaeaf hwn, yn gwybod fod na wynt rhewllyd a glaw di-baid ac yna barrug brwnt yn barod i rewi'n tina ni?' Dyma arwain y gweddill, felly, i feddiannu tŷ Myfanwy, eu perchennog, a Doti'n 'cyrraedd pinacl ei bywyd' wrth setlo i eistedd yn dalog ar silff uchaf yr hen ddresel. Er bod ymgais i greu cymeriadau difyr i'r ieir, mae angen mwy o waith ar y stori i greu'r byd dychmygus hwn mewn ffordd sy'n argyhoeddi.

George Lake, 'Silff': Ac yntau wedi'i gyfyngu i'w fflat yn ystod cyfnod y clo, wrth gael trefn ar ei eiddo mae cymeriad y stori hon yn hel atgofion ac yn disgrifio arwyddocâd y gwrthrychau ar ei silff. Mae'n agor yn addawol gyda'i ddisgrifiad o'i fflat yn 'gyfres o focsys concrid neu fricsys sy wedi eu peintio yn y lliw gwyn arbennig hwnnw a welir ond gan y sawl sy'n rhentu'. Ond wrth i'r stori fynd rhagddi, er bod ambell ddisgrifiad trawiadol, a'n bod yn dod i adnabod y dyn drwy'r gwrthrychau, does dim digon o stori na strwythur. Mae cnewyllyn da yma, ond mae angen mwy na darlun o gymeriad a'i atgofion i greu stori fer lwyddiannus.

Llanwalby, 'Silff a'r ferch sy'n ei llygadu': Ymateb emosiynol Gwen i hunanbortread gan yr artist Carel Fabritius yn Amgueddfa Boijmans Van Beuningen yn Rotterdam yw man cychwyn y stori hon sy'n drafodaeth ar y ffordd y mae pobl yn ymateb i gelf a lliw. Mae ei hymweliad â'r amgueddfa a'i sgwrs â Saskia, sy'n agor ei llygaid i rym lliwiau, yn newid bywyd Gwen ac erbyn diwedd y stori, mae hi mewn ysbyty, yn treulio'i hamser yn llygadu silff o liw 'gwyrdd hufennog â mintys'. Er prydferthwch y lliwiau a'r ffordd gelfydd y mynegir aflonyddwch a dryswch Gwen, dyw ergyd y stori brudd hon ddim yn glir.

Lolan, 'Cyfrol a *Quiche*': Wrth baratoi i groesawu ei chylch darllen newydd i'w chartref, gosod trefn ar ei silff lyfrau y mae'r fenyw yn y stori hon. Mae mewn tipyn o gyfyng-gyngor: a ddylai eu gosod 'yn ôl maint ynteu'n ôl trefn yr wyddor?' A hithau am wneud argraff dda, rhaid cael ambell gyfrol o farddoniaeth er, iddi hi, 'dydi barddoniaeth yn ddim ond fflyd o eiriau yn y drefn anghywir.' Mae'r gorchwyl yn gyfle iddi drafod ei hoffter o ddarllen ac er ei bod yn ymfalchïo yn ei llyfrau, mae ei Kindle wedi 'talu ar ei ganfed yn ddi-os' gan fod modd 'honni ei bod yn "darllen" Jerry Hunter tra'n **darllen** Jilly Cooper'. Stori ysgafn a digon hwyliog.

Morgan Bach, 'Silff': Mewn cartref gofal, dryswch Samuel a'i atgofion am y rhyfel sy'n arwain y stori, wrth iddo ofyn yn ddi-baid i'r staff estyn llyfr sydd ar silff y tu ôl i'w ben, nad yw'n bodoli mewn gwirionedd yn unman ond yn ei ddychymyg. Gyda'i ymddygiad yn peri gofid i breswylwyr a staff, o'r diwedd mae Sara'r ofalwraig yn llwyddo i ddod at wraidd y broblem – angen rhannu ei atgofion am ei gyfnod yn filwr yn yr Ail Ryfel Byd y mae Samuel. Dyma stori sydd wedi'i hysgrifennu'n sensitif ac ambell gymeriad cryf sy'n argyhoeddi.

Modurdy, 'Silff': Dwy ddoli sy'n eiddo i Siân yw testun y stori hon: Ragdi, y ddoli bob dydd mewn 'ffrog hôm-mêd oedd nain wedi'i gwnïo allan o hen hances boced smotiau coch', ac Eurliw, 'doli silff', sydd â 'ffrog o sidan – a sidan go iawn 'fyd, nid polyester, a gwyn gwyn nid rhyw hanner-melyn hanner-pan'. Drwy lygaid plentyn (a doli) ceir stori am gariad ac eiddigedd, colled a galar. Mae cymeriad Ragdi'n annwyl dros ben – yn ddireidus, diniwed a chariadus. Er nad stori i blant yw hon, gallaf ddychmygu plant bach yn gwirioni ar straeon am ei hanturiaethau.

Rhyd yr Eirin, 'Silff': Cerdded drwy bentref Rhyd-ddu tuag at y mynydd y mae Elin ar ddechrau'r stori, gyda'r daith yn gyfle iddi gloriannu ei bywyd, a hithau'n wynebu cyfnod y menopos. Wrth i ni ddringo gyda hi i fyny Mynydd Mawr, cawn ddisgrifiadau celfydd o'r golygfeydd a'r ymdrech sy'n rhan o'r daith. Ar ôl aros am baned o'i fflasg, mae'n ailgychwyn, ac yn 'gwledda' ar yr olygfa; yn wir, 'yr oedd bod ar ben mynydd yn ei helpu i weld pethau'n gliriach a gwerthfawrogi'r darlun mawr o'i chwmpas.' Yn ogystal â chynnig egwyl i Elin o'i bywyd prysur, mae'r daith yn fyfyrdod ar heneiddio a chwrs bywyd, wedi'i gyflwyno'n gynnil a chywrain.

Buddug, 'Silff': Mae'r stori hon yn dechrau'n afaelgar: 'Triwch CHI ffeindio cariad ar ganol pandemig,' gyda chrynodeb bachog a ffraeth o'r ffyrdd y mae pobl wedi ceisio cyfarfod â darpar gariadon a'r rhwystredigaeth o fethu gwneud rhywbeth mor syml â mynd am goffi oherwydd y cyfyngiadau. Ond fe ddaw'r storïwr o hyd i gariad o'r diwedd, a hanes y berthynas gawn ni wedyn, wrth i'r ddau rannu diddordebau a dod yn agos iawn o fewn byr amser. Mae'r disgrifiad o syrthio mewn cariad yn hyfryd: 'Diwrnod di-amser o sgwrsio di-ddiwedd, cymundeb o ddod i hoffi a pharchu ein gilydd.' Ond yr un mor gyflym ag y dechreuodd y berthynas, mae craciau'n ymddangos. Stori serch fodern sy'n dangos er cymaint sy'n newydd a dieithr ers dechrau cyfnod Covid, mae rhai pethau'n aros yr un fath.

Monica, 'Silff': Dyma stori fydd yn taro tant gyda llawer un. 'Ti ar *mute*, Llinos' yw'r frawddeg gyntaf, a phwy sydd heb glywed geiriau tebyg rywdro dros y flwyddyn a hanner ddiwethaf? Gweithio gartref a'i effaith dros gyfnod y pandemig yw'r testun. Yn ystod cyfarfod gwaith, mae Llinos yn cael cyfle i fyfyrio ar sut mae bywyd wedi newid, a'r hyn mae cyfarfodydd Zoom yn ei ddangos i ni am bobl, a hithau wrth ei bodd 'yn cael sbec ar eu cartref, o'u cynefin naturiol'. Yn wahanol i rai o'r straeon eraill yn y gystadleuaeth, nid rhestru atgofion neu fyfyrdodau yn unig a geir yma. Er mai yn y cefndir mae'r cyfarfod, mae'n cynnig stori sy'n rhoi ffrâm i'r naratif.

Er bod cyffyrddiadau llwyddiannus a theilwng i'w canfod yn nifer o'r ceisiadau, gyda *Rhyd yr Eirin* yn arbennig yn cyrraedd safon clodwiw, mae straeon *Buddug* a *Monica* ill dwy yn cyfleu profiadau newydd sy'n berthnasol i'n cyfnod ni, o safbwyntiau cwbl wahanol i'w gilydd. Rhaid dewis, felly, rhwng angerdd blodeuog *Buddug* a chynildeb ysgafn *Monica*. Gan ei bod yn cadw'n nes at destun y gystadleuaeth, gyda'i silff yn chwarae rhan bwysig yn y stori, *Monica* sy'n cipio'r wobr o drwch blewyn.

Casgliad o bum darn o lên micro,

hyd at 150 o eiriau yr un: Bwlch neu Bylchau

BWLCH/BYLCHAU

Bwlch Ardudwy

Haf bach Mihangel a dwy ar droed, ar drywydd.

Clepian y drws ynghau ac agor gatiau i gaeau llydan yn raddegau o addewid. Dw i'n gosod y map yn lliain bwrdd ar fwsog llaith gan ddilyn y pwythau â blaen bys a llenwi bylchau'r dot-i-ddot â chyffro ein taith. Cerddwn, fraich ym mraich. Rhannu mwyar y mieri a'n gwefusau gwaed yn gwenu. Diferion chwys yn disgleirio'n dlws ar dy dalcen yn haul llwynog diwedd dydd.

Ar y copa, dathlwn gyda phaned a chacen a Drws Ardudwy yn ein cau mewn tŷ bach twt o de dydd Sul. Heb weinidog na gweini. Te bach drosodd, a ti'n cyweirio heb fod isio. Dy ddwylo crynedig yn staeniau coch.

Cyrraedd adra a chroesi trothwy i fewian cath lwglyd a chyfarth cŵn. Y machlud yn wawr rydlyd dros lawr y gegin yn gwenu'n gynnes ar olion traed mawn ein prynhawn ola.

Mynd

Mynd i lefydd, dyna dw i isio, mwy na dim yn y byd mawr crwn efo ti. Fraich ym mraich, yn gwenu.

Mynd a chyffwrdd y sêr, dyna dw i isio. A gwasgaru llwch cosmig yn enfys hardd o bontydd lliw o'm llaw i i'w byd bach nhw.

Mynd am bicnic at lan yr afon, dyna dw i isio. At wledd o frechdanau jam, mafon a mwyar duon. Trochi traed wedyn a golchi gofidiau nes bod popeth yn diflannu o dan y dŵr.

Mynd i rwla dwisio. Rwla, blaw fama lle nad oes Dim ond darfod – tosturi – a chariad.

Ond dw i methu. Methu. MYND.

Cadair

Mae o yn ei gwman yn poeri i fflamau ola'r grât. Y marwydos yn hisian eu dirmyg fel cath biwis dan draed. Mae'n procio'r golosg marw ond ni ddaw gwreichion. Rhy hwyr i ddarogan tywydd neu hel atgofion. Estynna am ei depot o dan ei gap stabal am ddiferion olaf y te oer a chyda chyffyrddiad chwithig, dyna'r cyfan yn disgyn a thorri'n deilchion ar garreg yr aelwyd. Daw rhu o regfeydd i adleisio ar hyd parwydydd y parlwr bach. Â'r darnau ar chwâl wrth ei draed, cwyd ei lygaid llaith yn felltith o hiraeth, ati hi, y gadair wag.

Pen blwydd Hapus

Saith pâr o goesau. Rhai'n wynnach na'i gilydd. Pum potel *prosecco* ac ugain o frechdanau ciwcymber, ham, caws ac eog pinc. Saith yn chwerthin. Yn gyffyrddus rannu mewn bicinis. Yn foliog a bywiog a 'diom otsh' o flewog. Yr un aeliau duon. Yr un anian. Yr un angen am fwytha gan y rhai sy'n eu hadnabod ora. Saith gwraig, mam, merch, modryb, cyfnither yn grwn mewn *jaquzzi*. Un ar goll.

Awran aur

Mwydro ar-lein oedd o i ddechra. Sgwrsio 'nôl a mlaen wrth rwyfo trwy lif y ffrydiau newyddion. Rhywbeth dw i'n ei wneud ar y soffa ar ôl llwyddo i gael y plant i'w gwlâu. Eistedd yn y tywyllwch a drama *scandi noir* arall a goleuni'r ffôn yn uwcholeuo fy wyneb. Yr awran aur yna o fodio'r sgrin i switsio i ffwrdd cyn mynd i'r gwely. Cyfathrebu rhithiol efo ffrindia cig a gwaed. Brawddegau stacato, ebychiadau, *emojis* ac yna, o rwla, tri gair bach:

'Dw i'n isal, sdi.'

Mae'r sgrin a finnau'n tawelu. Y gwirionedd fel cyfog wedi gorfod codi a'r sioc o'i fynegi wedi fy llonyddu. Dw i'n diffodd y ffôn ac yn crwydro i'r gegin i dywallt gweddillion y gwin i'r sinc. Dw i'n estyn am y tabledi pan mae'r gloch yn canu a thrwy ffrâm wydr y drws, dw i'n ei gweld. Ei hamlinelliad yn felyn gynnes yng ngolau'r stryd.

Mafon

Mae cyfoeth llên micro yn eu dyfnderoedd yn hytrach nag yn eu hyd a'u lled. Cerddi rhyddiaith. Ond nid cerddi llythrennol. Felly, er mod i'n croesawu arbrofi gyda'r ffurf, o'n i ddim yn meddwl mai dyma'r lle i gyflwyno ffurfiau heblaw llên micro fel a gafwyd gan *Castellan*. Ac er ei fod yn ffurf gynnil, roedd cynnig un stori (yn hytrach na phump yn ôl y gofyn) fel ag y gwnaeth *Shoni Hoi* a *Jac y rhaca* yn mynd â chynildeb yn rhy bell.

Mae 17 yn dal yn y gystadleuaeth.

Wrth gwrs y dylid bod modd darllen a mwynhau'r straeon hyn ar yr wyneb ond mae'n rhaid iddyn nhw awgrymu fod iddyn nhw ddyfnderoedd mwy. Os yw'r darllenydd yn teimlo ei bod hi neu fo wedi cael ei weddill a'i wala o'r hyn sydd ar yr wyneb yna dydy'r stori ddim wedi cyflawni ei photensial. Hyd at 150 o eiriau yw canllaw'r gystadleuaeth; byddai hanner dwsin o eiriau dethol yn dderbyniol. Ym myd y llên micro mae 150 o eiriau yn weddol hael. Mae'r stori chwegair yn ffurf gydnabyddedig, y drydarlen (chwaer y drydargerdd) yn 280 nod cyfrifiadurol, y lafoer (*dribble* yn Saesneg) yn 50 gair, llên micro yn 100, stori sydyn yn 750 a.y.b.

Dweud y cyfan ar yr wyneb ydy hanes rhai o'r awduron. Dro arall mae rhywun yn gweld hedyn y syniad ac yn ysu iddo brifio i'w lawn dwf ond nid y gystadleuaeth hon oedd y cyfle iddo wneud hynny; un ai ei fod angen mwy o le i anadlu neu efallai fod yr awdur angen mwy o hyder i arfer ei gynildeb. Dyna i mi rinweddau a gwendidau *Tro cyntaf am bopeth*, *Pengwern*, *Eli Rhian Mic*, *Deilen Lili*, *Dilys*, *Deryn y Bore* a *Cragen Fair*. Mae cyfle gyda'r straeon hyn i fynd yn ôl a chwarae gyda nhw – gweld faint yn llai o eiriau y gellid eu defnyddio, newid persbectif, newid llais. Dyna un o'r pethau gorau am y ffurf. Mwynhewch.

I mi, yn anad dim, mae llên micro yn cynnig cyfle i naddu'n gelfydd. Fyddai 'Cyrtans' gan *Smoky Bacon* yn colli dim ar ei hystyr o golli cant o'i 146 gair. Byddai'r frawddeg gyntaf a'r paragraff olaf yn cyfleu'r cyfan. Ond mae hwn yn gasgliad da a'r stori sy'n rhoi ei ffugenw i'r awdur yn gofiadwy.

Mae casgliad o straeon hefyd yn cynnig cyfle i greu dilyniant bychan a phob stori yn sefyll ar ei thraed ei hun ond eto'n cyfrannu at gyfanwaith mwy. Cafwyd stori dditectif gan *Islwyn Lleuad-las* a chasgliad a oedd yn creu naws arbennig gan *Gwelltyn* – ond mae'r awduron yn rhoi her ychwanegol iddyn nhw eu hunain wrth geisio creu cyfanwaith ac mae gofyn i bob elfen daro deuddeg wedi bod yn drech na llawer. Mae *Ben (2)* yn cael hwyl ar greu darlun o briodas yn chwalu ond wn i ddim a ydy pob stori'n gweithio cystal ar eu pennau eu hunain ag ydyn nhw fel rhan o'r cyfanwaith. Mae'r un peth yn wir am waith *O'r diwedd* sy'n llwyddo i roi gwedd ychydig yn wahanol ar stori *dementia* y mae, erbyn hyn, ysywaeth, angen bod yn ofalus iawn rhag disgyn i rigol o ystrydebau a hen drawiadau wrth ei drafod.

Er cystal ydy stori gyntaf *Tanjarin* am ailblentyndod y tad yn byw gyda *dementia*, ychydig o newydd-deb sydd ynddi bellach. Mae 'Tanjarin' a 'Llyncu Geiriadur' yn ddarnau cofiadwy ond doedd y gweddill ddim cystal.

Mae straeon *Ben (2)* yn hyderus: yn hyderus yn eu harddull, eu hiaith a'u themâu. Maen nhw'n ddatganiadau huawdl ond wn i ddim a oes yna lawer iawn dan yr wyneb.

Cafwyd casgliad campus gan *Pilipala papur* a phob stori yn hynod o gynnil ond yn gyforiog o ystyr a'r bylchau llythrennol a'r bylchau o amwysedd yn taro deuddeg. Methodd 'Pilipala yn y gaeaf' â chyrraedd yr un tir uchel â'r pedwar darn arall.

Roedd *Hen Arglwydd Ansoddeiriau* yn rhwym o fod tua gwaelod neu tua brig cystadleuaeth fel hon. Prin bod 150 o eiriau cyfan yn y casgliad a hwnnw'n cyfleu diwrnod llawn ym mywyd Elfed Preis. Mae'r stori yn y bylchau, yn y gofod gwyn rhwng y geiriau a'r darnau o eiriau. Y gwacter hwnnw oedd bywyd Elfed Preis. Mae'r gwaith hwn a'i ymdriniaeth o'r thema (petai hynny o bwys) yn fy ngoglais yn fawr iawn. Ond teg gofyn am hwn, fel am rai o'r casgliadau eraill, i ba raddau y byddai un o'r darnau yn sefyll ar ei draed ei hun yn annibynnol ar y casgliad cyfan.

Gan *Mafon* y cafwyd y casgliad a oedd yn bodloni yn ogystal â goglais fwyaf y tro hwn. Casgliad gwastad o safon uchel, pob un yn trin a thrafod colled o ryw fath, yn dal ei hergyd yn ôl i'r geiriau olaf bob tro a dyfnder o amwysedd yn perthyn iddyn nhw. Beth yw ystyr methu 'mynd' yn y darn o'r un enw? Methu codi allan? Methu marw chwaith? Arhosodd 'Pen blwydd hapus' efo fi o'r darlleniad cyntaf. Fel y gwneith o gyda phob un fydd yn mynd ymlaen i ddarllen y darnau buddugol.

Llongyfarchiadau i *Mafon*, diolch i *Ben (2)*, *Pilipala papur* a *Hen Arglwydd Ansoddeiriau* a phob un a wnaeth hon yn gystadleuaeth ddifyr iawn.

ARLOESI

Erys rhai breuddwydion yn y cof am flynyddoedd nes y dônt yn atgofion ynddynt eu hunain, gan fagu sylwedd a llechu ar y ffin rhwng ffaith a dychymyg. Un o'r breuddwydion-atgofion hynny sy'n dal ei dir yn fy meddwl yw un heb gyd-destun na rhagymadrodd: fe'm cefais fy hunan yn cerdded yn araf i werddon yng nghanol rhyw anialwch, a'r dŵr yn syfrdanol, anghredadwy o glir ac eto'n lasaidd, ac yn fwy tryloyw na'r aer ei hunan. Daliodd y werddon y goleuni cras a'i feddalu, a thonnai pelydrau'r haul ar y gwely tywod rhychiog. Gallwn ryw synhwyro gwres yn y dŵr, ond o gymharu â thanbeidrwydd yr haul, roedd yn oeraidd; denodd fy nghorff, ei gofleidio a'i gynnal. Nid oedd awydd arnaf feddwl am y diffeithwch o'm hamgylch, na'r daith oddi yno, na'r gwacter bygythiol a godai o weddill y tir unffurf. Arhosais yn y dŵr, yn gwbl fodlon, yn llonyddach na'r anialwch. Pan ddihunais, roeddwn yn gwybod taw peth amheuthun oedd y breuddwyd hwn, er ei fyrred: dyma oedd cychwyn fy ymserchu yn yr anialwch. Roedd gwefr yn y cyferbyniad rhwng y rhith-brofiad hwn a fy stafell wely blaen, gyfarwydd ym Merthyr. Byddai'r anialwch yn fy nilyn byth oddi ar hynny.

Dw i heb ymweld â'r un anialwch erioed yn fy mywyd, serch hynny. Yn hytrach, clytiais fy anialwch fy hunan o'm breuddwydion i a breuddwydion pobl eraill. Boed trwy lên, trwy'r teledu, neu ba gyfrwng bynnag, bu'r anialwch yn ofod penodol iawn yn fy meddwl, gyda'i nodweddion a'i awyrgylch arbennig, mor gyfarwydd i mi â'r tirweddau a welwn o'm hamgylch bob dydd. Ambell dro, yn ystod fy mebyd, euthum ar wyliau gyda'r teulu i lefydd y gellid eu hystyried yn lled-anial, megis Ynysoedd Balearig Sbaen, neu ynys Rhodos oddi ar arfordir Gwlad Groeg: roedd yno dir cras, cacti, a gwres mawr, ond rywsut nid oedd y rhain yn cyfri. Dim ond adlewyrchiad gwan o fy niffeithdiroedd benthyg oeddent, a'u hawgrym o'r peth go iawn yn bwydo fy chwilfrydedd. Daeth yn bryd i mi olrhain fy anialwch, a cheisio darganfod pam mae lle mor anghyrraedd eto mor fyw i mi. Mentraf, a thorri tir mawr fy meddwl.

*

Bob blwyddyn, caf fy synnu gan ba mor gyflym y bydd y tir yn crino unwaith y cawn gyfnod o sychin. Wedi wythnos o wres gwirioneddol, bydd y tir sydd mor aml yn syrffedus o wlyb, ac yn elyniaethus o leidiog, yn gwbl sych ac yn llawn llwch. Mor sych nes ei bod yn anodd dychmygu unrhyw beth arall, fel petai wedi bod felly erioed. Cyn lleied o amser felly sydd ei angen i'r cribau a'r gweunydd ymdebygu i fy anialwch, yr un a borthwyd yn fy meddwl gan ddelweddau pell: daw wedyn yn ddelfryd a daenwyd fel carthen wenfelen dros ddiriaeth fy mro gyfarwydd. Y pryd hynny, bydd geiriau arbennig yn codi o'r tir, a'r tywydd yn eu tynnu o'u cyd-destun. *Sychnant*: gair a ddefnyddir weithiau i gyfieithu'r gair *arroyo* (ceunant sych, yn enwedig yn nhaleithiau deheuol America, sy'n llenwi â dŵr pan ddêl y glawogydd prin), gan ddwyn i gof Galiffornia, ond sydd hefyd yn taro tant neilltuol wrth i mi groesi'r nentydd bychain sydd, ar fyr o dro, yn welyau creigiog, noeth. *Sychbant*: Cefn Sychbant a'i garneddau yn y Faenor, Merthyr, a Phant Sychbant, i'r gogledd-orllewin o Fynydd Aberdâr uwchben Heolgerrig, ac yno olion anheddau o'r Oesoedd Canol ar y mynydd agored, a'r gair ei hun, sychbant, yn fy atgoffa o ryw fannau lle byddai esgyrn buail yn cronni yn y gwres rywle ar y paith. *Sychryd*, sy'n dwyn i gof Afon Sychryd a'i cheunant a'i sgwd ger Penderyn a'r Rhigos, ger Aberdâr, a'r enw ei hun yn consurio pàs ym mynyddoedd sych rhyw gyffinwlad Americanaidd. Mae'r holl enwau hyn yn amlygu dichonoldeb yr anialwch yn fy rhan i o Gymru, ynghudd yn y tir ac yn iaith y tir. Efallai fod llinach hirach, mwy dirgel i fy anialwch wedi'r cyfan.

*

Cyn ymlithro i gwsg, pan fo'r awydd i bori'r We ar fy ffôn yn drech na'm blinder, a rhyw ysfa am wybodaeth yn cnoi ynof, caf fy hunan yn aml yn darllen am anialwch y Mojave, a gwmpesir yn bennaf gan daleithiau Califfornia a Nefada. Wn i ddim pam yn union y caf fy nenu at yr anialwch hwn rhagor y gweddill, ond mae'n debyg bod amlder y trefi anghyfannedd yno – y trefi ysbrydion, hynny yw – yn gydnaws â rhywbeth ynof i: y modd y mae'r delweddau ohonynt yn fy atgoffa o'r mannau anghyfannedd, adfeiliedig sy'n britho Merthyr, o bosib; neu'r enwau rhamantaidd, rhyfedd sy'n ei fritho, enwau sy'n deillio o oes y mentro ffôl i'r diffeithdir, megis Furnace Creek. Mae hwnnw'n bentref o ryw fath o hyd sy'n adnabyddus oherwydd yno, fe honnir, y mesurwyd y tymheredd aer naturiol uchaf erioed ar wyneb y ddaear, sef 56.7C yn 1913. Ac a sôn am enwau, mae'r pentref yntau o fewn ffiniau Parc Cenedlaethol Death Valley. Ond cofiaf hefyd mor wefreiddiol i mi oedd lluniau fy nhad-cu ar waliau tŷ fy mam-gu o'i deithiau i'r Unol Daleithiau, a hwythau'n cynnwys lluniau o lefydd eraill, megis creigiau enwog Monument Valley ar y ffin rhwng Arizona ac Utah, a hefyd luniau o ambell anialwch arall. A fu ef yn y Mojave erioed? Wn i ddim, ond hoffwn feddwl felly; ond ble bynnag y tynnodd y lluniau, yr un yw'r swyn, a'r swyn hwnnw wedi ymglymu yn fy mhen â'r Mojave. Digon posib fy mod yn chwilio'r diffeithdiroedd hyn yn fy nychymyg am fy nhad-cu ei hun, neu fy syniad i ohono, gan ei fod wedi marw pan oeddwn yn ifanc iawn, gan adael ond cwpwl o atgofion pell a thir sych amryliw y lluniau hyn.

*

Mae yna anialwch go iawn yn yr arfaeth, efallai. Hawdd yw ymweld â'r crastir yn fy meddwl, a'i ramantu, a hynny o bellter saff. Ond wrth i'r hafau poeth hirhau a dwysáu, wrth i'r record am y tymheredd uchaf, y misoedd sychaf, a'r lefelau dŵr isaf gael eu curo bob blwyddyn, llygadaf fy anialwch â phryder ac amheuaeth gynyddol. Gyda'r argyfwng hinsawdd yn ei amlygu ei hun ar gyflymder gwir frawychus, nid pethau sefydlog a rheoladwy yw'r diffeithdiroedd hynny y tynnaf arnynt i fwydo fy mreuddwyd, megis y Mojave; maent yn llythrennol ar gerdded, yn crafangu am y tiroedd glas, yn chwyddo eu ffiniau. A phan af am dro i'r mynyddoedd yng Nghymru ar hafddydd llym, nid ffuantus i gyd yw gweld yn y gwellt llipa, llychlyd a'r sychnentydd ryw lun ar anialwch go iawn. Yn syrthni'r gwres, mae'r ffin rhwng breuddwyd a sylwedd yn crynu fel fflam cannwyll.

Mojave

Daeth pum ymgais i law, a llwyddodd y pum awdur i gyflwyno agweddau a chynnwys gwahanol iawn ar yr un testun. Cefais y gweithiau hyn i gyd yn ddiddorol i'w darllen.

Mojave, 'Arloesi': Mae gwaith y cystadleuydd hwn yn gafael o'r cychwyn a'i frawddeg agoriadol yn gasgliad ac yn gyhoeddiad y mae'n ymhelaethu arno: 'Erys rhai breuddwydion yn y cof am flynyddoedd nes y dônt yn atgofion ynddynt eu hunain, gan fagu sylwedd a llechu ar y ffin rhwng ffaith a dychymyg.' Myfyrdodau crwydrol ar anialwch a geir gan yr ysgrifwr. Â ati i olrhain tarddiad y 'breuddwydion-atgofion' a cheir cyfeiriad at dirlun Merthyr a'r cylch, ei ddiddordeb yn anialwch y Mojave ynghyd â hanesion ei dad-cu a'r hiraeth amdano a gwyd o ambell hen lun. Yma hefyd mae'r cynhesu byd-eang presennol. Mae'r awdur hwn yn feistr ar y frawddeg glo ac yn medru crynhoi ei ymresymu yn bert. Fodd bynnag, tenau yw'r thema 'arloesi' yn y gwaith.

Grug, 'Arloesi': Hanes y newid a ddigwydd i berson sy'n dioddef o'r clefyd siwgr sydd yma. Dyma ysgrif ddifyr, ddarllenadwy sy'n codi calon. Darllenwn am y sioc a'r ymdrechion i ddod i delerau â'r cyflwr, a chawn ddarlun o drawsnewidiad sy'n arwain yr awdur i ddod i adnabod llwybrau a lonydd Cymru wrth iddi fwrw ati bob bwrw Sul i gerdded. Mae melltith y clefyd wedi arwain at fendith wrth i'r person fynd ati i arloesi.

Crwydryn, 'Y Wladfa': Aeth yr awdur hwn ati i gofnodi gwaddol arloeswyr y *Mimosa*. Mae'r cwestiwn yn un teg, sef 'Pa ffrwyth a ddaeth o'r holl arloesi?' Darllenwn am atgofion yr awdur o'i daith i'r Wladfa a hanes y tair chwaer, Moelona, Tegai a Luned. Y mae'n ysgrif ddarllenadwy ysgafn sy'n nodi bod yr arloesi yn dal i ddigwydd.

Pelydryn, 'Darogan Brexit? Hunaniaeth Gymreig, Ewropeath a Dieithrwch yn Ymbelydredd': Heb os, dyma'r ymddiddanwr mwyaf academaidd ei naws yn y ras. Pe bai'r gystadleuaeth yn gofyn am ysgrif werthfawrogol a dadansoddol o nofel Gymraeg a Chymreig a ystyrir yn arloesol, byddai ysgrif *Pelydryn* led cae ar y blaen. Mae'r ysgrifwr, sy'n ddarllenwr eang a gwybodus, yn gosod cyfrol *Ymbelydredd*, Guto Dafydd, yn y dafol gan ganmol ei 'avant-garde-rwydd'. Dyfarna ei bod 'yn fwy na nofel. Mae'n gasgliad o ysgrifau, adolygiadau celfyddydol, ac ymatebion ecffrastig'. Fodd bynnag, yn fy nhyb i, yn gam neu'n gymwys, mae naws yr astudiaeth lenyddol graff a gwreiddiol, sydd yma'n drwch, yn cyfyngu rhywfaint ar apêl y gwaith yng nghystadleuaeth yr ysgrif.

Nyrs, 'Arloesi': Mae naws traethodol i'r ysgrif hon. Y mae'n llawn ffeithiau a gwybodaeth wrth i'r awdur olrhain cyfraniad nifer o unigolion a oedd yn arloesi ym myd meddygaeth. Cawn olwg ar Florence Nightingale ynghyd â'i chyfoeswraig, Betsi Cadwaladr. Deuwn wedyn i'r presennol at enwau llai adnabyddus megis Katalin Kariko a'r gŵr a'r wraig, Dr Ugur Sahin a Dr Özlam Türeci, a'r Athro Sarah Gilbert; hwynt oll yn arloeswyr pwysig a llwyddiannus yn eu meysydd. Fodd bynnag, mae angen mwy yng nghystadleuaeth yr ysgrif na chywain gwybodaeth.

Diolch i'r pump am gystadlu.

Rhoddaf y wobr i *Mojave*.

Twthill, Caernarfon

Cymuned o fewn tref <u>Caernarfon</u>, <u>Gwynedd</u> yw Twthill (a sillafir weithiau fel **Twtil**)

Llun: hen Swyddfa Bost Twthill (Facebook Twthill, Caernarfon: <u>https://m.facebook.com/groups/158281372721737/</u>)

Ystyrir **Twthill** yn gymuned yn ei hawl ei hun o fewn tref Caernarfon. Yn y cyswllt hwnnw, fe'i cymharir â chymunedau megis <u>Maesgeirchen</u> ym <u>Mangor</u>.

Cofnodir yr ardal fel 'le Tothille' ar fap o 1399. Mae'r enw **Twthill** ei hun yn tarddu o air Eingl Sacsonaidd am wylfa, neu *lookout hill*. Mae iddo'r un tarddiad ag ardal <u>Tooting</u> yn <u>Llundain</u>, <u>Toothill Fort</u> yn Hampshire, Stryd Tuttle yn <u>Wrecsam</u>, a phentref Tutshill yn Swydd Gaerloyw.

Hanes

Mae Twthill yn ardal o bwysigrwydd hanesyddol arwyddocaol. Yma y digwyddodd <u>Brwydr Tuthill</u> yn ystod gwrthryfel <u>Owain Glyndŵr</u> yn 1401, ac yma hefyd y digwyddodd un o frwydrau <u>Rhyfeloedd y Rhosynnau</u>.

Mae sôn bod yr heddlu wedi gorfod monitro'r ardal yn 1904 oherwydd bod rhai yn chwarae gemau ar y Sabath.

Yn y 1970au codwyd y Ffordd Ryddhau Fewnol (yr *Inner Relief Road* yn lleol), ac fe wahanwyd Twthill oddi wrth weddill y dref. Mae'r mater yn parhau'n un cynhennus hyd y dydd.

Ar dir y Ffordd Ryddhau Fewnol arferai Pafiliwn Caernarfon fod. Yma y cynhaliwyd saith <u>Eisteddfod Genedlaethol</u>, yma yr anerchodd <u>David Lloyd George</u> a <u>Winston Churchill</u> dyrfaoedd, ac yma y cipiodd <u>Cynan</u> goron yr Eisteddfod Genedlaethol. Yma hefyd y canodd <u>Paul Robeson</u> ym mis Medi, 1934.

Llun: Yr Hen Bafiliwn yn cael ei dynnu i lawr (Facebook Twthill, Caernarfon: <u>https://m.facebook.com/groups/158281372721737/</u>)

Pen Twthill

Bryn ym mhen uchaf Twthill yw Pen Twthill. Ceir mynediad ato ar stryd Dwyrain Twthill. O Ben Twthill, ceir golygfeydd o'r dref o lannau'r Fenai at stadau Ysgubor Goch a Maesincla. Ceir golygfeydd hefyd o'r <u>Fenai</u>, mynyddoedd <u>yr Eifl</u>, a rhai o fynyddoedd Eryri.

Ar Ben Twthill mae croes i gofio am y gwŷr lleol a fu farw yn <u>Rhyfel y Boer</u>.

Arferai ymwelwyr i'r ardal fwynhau'r olygfa drwy ysbienddrych, ac yn 1905 cwynodd un o'r trigolion lleol mewn llythyr i'r *North Wales Express* bod yr ymwelwyr gwyliadwrus wedi difetha sawl un o'i deithiau ar y Fenai gyda merch!

Llun: Golygfa o Ben Twthill (Facebook Twthill, Caernarfon: https://m.facebook.com/groups/158281372721737/)

Adeiladau

Safai Ysgol Gynradd Twthill ar dir y Ffordd Ryddhau Fewnol. Lleolir Eglwys Gatholig Dewi Sant a Santes Helen ar stryd Dwyrain Twthill. Mae Cylch Meithrin Twtil yn cynnig gofal plant, ac mae Ysgol Gynradd Gatholig Santes Helen wedi ei lleoli yn Twthill.

Llun: Hen olchfa Twthill (Facebook Twthill, Caernarfon:
https://m.facebook.com/groups/158281372721737/)

Ystadegau

Mae Twthill yn rhan o ward etholiadol Menai (Caernarfon). Fe'i cynrychiolir
ar lefel Cyngor Sir gan y Cyng. Ioan Thomas (Plaid Cymru), sydd hefyd yn
Aelod Cabinet Cyngor Gwynedd dros Gyllid.

Fe'i cynrychiolir ar Gyngor Tref Caernarfon gan y Cyng. William Lloyd
Davies (Plaid Cymru), y Cyng. Ann Hopcyn (Plaid Cymru), y Cyng. Eleri
Løvgreen (Plaid Cymru), a'r Cyng. Ioan Thomas (Plaid Cymru).

Mae ward Menai yn rhan o etholaeth Arfon. Cynrychiolir yr ardal yn
Senedd Cymru gan Siân Gwenllian AS, ac fe'i cynrychiolir yn San Steffan
gan Hywel Williams AS.

Roedd canlyniadau nifer siaradwyr Cymraeg y ward fel a ganlyn yng
Nghyfrifiad 2011:

Ward Menai (Caernarfon):

Pawb 3 oed a throsodd	83.9%
3 i 15 oed	96.6%
16 i 64 oed	83.6%
65 oed a throsodd	79.7%

Enwogion

Ymhlith yr enwogion sydd wedi byw yn Twthill mae

- Edward Prosser Rhys
- T. Gwynn Jones
- Dafydd Iwan

Llenyddiaeth

Mae'r nofel *Caersaint* gan Angharad Price wedi ei lleoli yn Twthill. Mae'r nofel yn dilyn hynt a helynt Jaman Jones sy'n dychwelyd i'w dref enedigol ar ôl etifeddu tŷ. Credir bod cymuned ffuglennol Brynhill wedi ei seilio ar ardal Twthill, ac mae cyfeiriadaeth at Ben Twthill a'r eglwys.

Cyfeiriadau

- Caersaint, Angharad Price, Y Lolfa.
- Ystadegau Allweddol Cyfrifiad 201, Menai (Caernarfon)
- Twthill: Cadw cof cymuned yn y cyfnod clo

Ben

Mae Wicipedia yn gyfarwydd i lawer iawn ohonoch – gwyddoniadur ar-lein sy'n cael ei ysgrifennu a'i olygu gan wirfoddolwyr. Ers ei lansio yn 2001 gan Jimmy Wales a Larry Sanger, mae wedi tyfu'n gyson, ac mae fersiynau ar gael mewn 321 o ieithoedd erbyn hyn. Y Wici Cymraeg yw rhif 62 o ran nifer erthyglau, gyda dros 133,000 ohonynt. Mae'n waith a ddefnyddir yn gyson gan laweroedd ar draws y byd. Yn naturiol, mae'r erthyglau'n amrywio'n fawr, gan ddibynnu ar wybodaeth a brwdfrydedd y cyfranwyr, ond bellach dyma'r man cyntaf y mae llawer yn troi ato os am gael gwybodaeth.

Daeth pedair ymgais i'r gystadleuaeth.

Mr. Picton, 'Pencampwriaeth Subbuteo Ynysoedd y Byd': Brawddeg gyntaf yr erthygl yw 'Sefydlwyd Pencampwriaeth Subbuteo Ynysoedd y Byd gan Mr. Picton yn ystod yr argyfwng COVID-19 yn 2020.' Felly, yr hyn a gawn yma yw erthygl am bencampwriaeth ddychmygol. Mae'r manylder a welir mewn cynifer o erthyglau Wikipedia i'w gael yma, yn rhestru'r gwahanol dimau, yn manylu ar ddatblygiad y gystadleuaeth, y gwobrwyon a.y.b. a chynhwysir sawl llun. Mae'r cyfan yn llifo'n naturiol iawn, a cheir cryn dipyn o hiwmor. Darllen difyr, ond dydw i ddim yn meddwl y gellir ystyried y cais ochr yn ochr â'r tri arall.

Mab y Mynydd, 'Joseph Parry (1841-1903)': Cofnod am Joseph Parry, y cerddor a'r cyfansoddwr. Mae'r cofnod yn rhy fyr a phytiog i wneud cyfiawnder â'r gwrthrych (rhyw 400 gair yw prif gorff y testun), ac mae'n gymysglyd ar adegau. Er bod cyfyngiad o 1,000 o eiriau braidd yn fyr ar gyfer y pwnc, rwy'n credu y gellid bod wedi rhoi crynodeb llawer gwell o fywyd Joseph Parry o fewn y gofod hwnnw. Doedd dim rhaid cynnwys 'Myfanwy' yn y Gymraeg a'r Saesneg; yn Wikipedia fe fyddai linc i'r gân ac erthygl ar wahân iddi.

Padrig, 'Wapella': Hanes drylliad y llong *Wapella* ar Sarn Badrig oddi ar lannau Ardudwy yn Ionawr 1868 a geir yma. O'r 15 oedd ar fwrdd y llong, fe gollwyd 11 ohonynt. Mae'n bwnc addas ar gyfer y gystadleuaeth gan ei fod yn bwnc cyfyngedig y gellir manylu arno o fewn y gofod a ganiateir. Mae'r hanner cyntaf yn adrodd yr hanes yn ddigon difyr a threfnus, ond yn nes ymlaen mae'r adroddiad yn mynd yn gymysglyd, er enghraifft nodir claddu 12 corff er mai 11 a foddwyd. Trueni fod yr awdur wedi colli gafael ar ei ddeunydd. Mae'r darluniau a'r map yn ychwanegiadau da. Ceir pedair dolen allanol ar y diwedd; credaf y dylid bod wedi crybwyll erthygl Lewis Lloyd am y digwyddiad sydd i'w chael yn *Cymru a'r Môr*, 1983.

Ben, 'Twthill, Caernarfon': Erthygl am ardal Twthill, Caernarfon. Fe esbonnir ystyr yr enw, ceir ychydig o ffeithiau hanesyddol am y lle, fe gawn wybod am Ben Twthill, sef top y bryn, lle ceir golygfa eang o'r dref ac i lawr at y Fenai a draw at Eryri, ac yna nodir rhai o'r adeiladau cyhoeddus sydd yno, ac i orffen ceir rhai ffeithiau ac ystadegau am ward Menai, y ward llywodraeth leol sy'n cynnwys Twthill. Cynhwysir sawl linc, megis rhai at wrthryfel Glyndŵr a Rhyfeloedd y Rhosynnau, yng nghorff yr erthygl fel yn Wikipedia. Mae hon yn erthygl fer yn null Wikipedia, a hi'n sicr yw'r orau o'r pedair a gyflwynwyd.

Ben yw'r buddugwr.

Adran Theatr

Medal Ddrama (AmGen)
Cyfansoddi drama fer ar gyfer llwyfan neu ddigidol heb unrhyw gyfyngiad o ran hyd.

Ystyrir cydweithio gydag enillydd y gystadleuaeth hon er mwyn datblygu'r gwaith buddugol mewn partneriaeth gyda Theatr Genedlaethol Cymru

....

BEIRNIADAETH GWENNAN MAIR

Ychydig iawn o fedrusrwydd a gafwyd yn y gystadleuaeth hon gyda dim ond pump ymgeisydd, gwaetha'r modd, ond braf iawn oedd gweld cynrychiolaeth amrywiol o leisiau o fewn y darnau. Mae'n ddiddorol iawn gweld beth yw'r themâu sy'n tanio dychymyg yn 2021. Mae yna frwdfrydedd ymysg y darnau a fflachiau o syniadau ysbrydoledig a ffres. Diolch i bawb am fentro er y sefyllfa ansicr eto eleni.

Y Clwb: Dyma syniad a phwnc amserol iawn gan edrych yn ôl dros y flwyddyn ddiwethaf. Drama wedi ei lleoli ar Zoom sydd yma, gyda stori ddigon syml a diniwed ar y cyfan a chymeriadau annwyl. Tybed a all hyn fynd braidd yn undonog ar ôl amser ac efallai bod angen meddwl am dro yn y stori sydd yn tynnu'r ffocws i ffwrdd o dechnoleg naturiolaidd? Sut all stori fel hyn fod yn greadigol? Braf oedd gweld defnydd o negeseuon cudd a'r teimlad o ansicrwydd o be all fynd o'i le! Dyma gofnod o sut roedd ffrindiau yn cwrdd dros gyfnod y clo yn 2020/2021 ac mae'n bwysig iawn trysori digwyddiadau fel hyn.

Mwgwd, 'Cadi Ffan a Jan': Dyma ddrama wedi'i gosod mewn bloc o fflatiau ynghanol Caerdydd, sy'n ymdrin â pherthynas cymdogion, sefyllfa deuluol ddwys a chyflwyniad anhygoel i'r drag cwîn, Cadi Ffan. Mae'r deialog rhwng y cymeriadau yn naturiol iawn ac yn dafodieithol ddifyr. Mae'r cymeriadau yn grwn a real a theimlwn ein bod yn eu hadnabod yn syth ac yn eu hoffi hefyd; felly rydym yn barod iawn i fuddsoddi yn y ddrama o'r dudalen gyntaf. Tybed a all yr awdur weithio ar siâp y deialog gan ei bod yn syml ar brydiau? Mae'n anodd iawn sgwennu comedi sydd hefyd yn llawn dyfnder a braf iawn gweld drama syml sy'n aros yn y cof. Dyma awdur addawol iawn ac yn sicr mae potensial mawr i'r ddrama hon fod yn ffilm neu ddrama lwyfan lwyddiannus iawn.

Ceffyl Blaen, 'Y Forwyn': Perthynas morwyn a theulu newydd sydd yn ymwneud â themâu cam-drin ac iechyd meddwl. Braf iawn gweld cymeriadau cryf benywaidd yn arwain y stori ymlaen. Dyma ddrama sydd wedi ei sgwennu o safon a dramodydd hyderus iawn o'r ffordd mae'n sgwennu. Mae hon yn ddrama sydd â chymeriadau digon difyr ond nid yw'r sefyllfa yn y stori yn un newydd. Efallai y byddai'n fwy perthnasol i nofel yn hytrach nag i ddrama lwyfan, er mwyn i ni gael gweld mwy i mewn i gefndiroedd y cymeriadau. O ran bwriad yr awdur i roi sylw i themâu sydd mor bwysig, gall y ddrama hon fynd ymhell ar ôl ystyried ei digwyddiadau.

Idris Gawr: Ceir cysyniad difyr yma sy'n edrych ar hanes Cymru. Yn amlwg mae llawer o waith ymchwil wedi mynd i mewn i'r darn hwn. Mae'r stori braidd yn llafurus ar y cyfan ac yn tueddu i beidio â mynd yn ddwfn iawn i'r materion a drafodir. Mae'r cymeriadau yn un-dimensiwn gydag angen gweithio ar y cydymdeimlad â'r perthnasau o fewn y stori. Mae pwysigrwydd i themâu fel hyn ac yn sicr mae yma botensial.

Sylvester Stallone, 'Teimlo fel Swpyrman': Chwa o awyr iach oedd cael darllen sgript fel hon yn y Gymraeg. Mae'r dechneg o sgwennu yn wahanol i'r arfer a braf gweld rhywun yn mentro. Mae'r strwythur diddorol yn arwydd o awdur hyderus, ond tybed a ydy o yn gorgymhlethu'r stori weithiau ac felly yn colli gafael ar linyn y cymeriadau? Hoffwn hefyd wybod mwy am gymeriad Mary. Mae'r deialog yn neidio o un syniad i'r llall heb i lawer o lif meddwl gael ei ddatblygu. Mae hyn yn effeithiol weithiau ond ar brydiau mae'n anodd dilyn trywydd y stori a theithi meddwl y cymeriadau. Er yr amheuon hyn, yn sicr dyma ddrama ddifyr tu hwnt ac o'i datblygu ymhellach, dylid yn sicr weld ei llwyfannu.

Rhoddaf y wobr i *Mwgwd*.

Cyfansoddi dwy fonolog gyferbyniol, hyd at 10 munud

MONOLOG 1: 2063

(Y flwyddyn 2063. Gwraig, tua 50, yn eistedd y tu allan i dŷ sydd mewn cyflwr gwael a dim golwg o neb arall. Mae'r tŷ ar ochr ffordd, tyllau yn y tarmac a hwn yw'r unig dŷ sydd i'w weld. Mae'r geiriau mewn italig i'w canu)

Ging gang gwli gwli gwli gwli wish wash ging gang ...

Oes gafr eto, oes heb ei ...

Ble mae Daniel, ble mae Daniel ...

Dw i methu dal ati efo 'run ohonyn nhw. Dechra pob un ac yna mae 'na ryw lwmp mawr yn fama, neu yn fama, yn yn rhwystro i rhag dal ati. Hyd yn oed emynau.

Nid wy'n gofyn bywyd moethus, aur y byd na'i berlau mân, gofyn rwyf am ...

Am be dw i'n gofyn? Ddim bo fi ddim gwell o ofyn. Does yna ddim pwrpas gofyn os nad oes 'na rywun i roi. A dw i ddim yn meddwl bod 'na neb. Neb. Dw i heb weld neb ers dwy neu dair blynadd. A doedd gan hwnnw'r creadur ddim byd i'w roi. Mi wnes i roi. Rhoi dau dun o *sardines* iddo fo ac mi aeth yn ei flaen reit hapus. A finna'n hapus nad oedd o wedi dod i mewn i'r tŷ a gweld be oedd gen i, a bod o heb weld yr ardd. Mae'r ardd o'r golwg. Yn fan'cw.

Falla dylwn i fod wedi gofyn iddo fo aros. Ond i be? Byta fysa fo. Ac mi o'n i'n medru deud yn syth taswn i wedi'i gyfarfod o mewn tafarn neu ar drên, ers talwm de, er stalwm stalwm stalwm, mai'i osgoi o fyswn i. Felly pam swn i isio'i gwmni fo rŵan, yn fama? Jest oherwydd bod 'na neb arall.

If you were the only boy in the world and I was the only ...

A do'n i rioed yn credu bod dynas angen dyn. Mi oedd gen i gerdyn post ar y ffrij. Ffrij. Cerdyn post oedd yn deud: 'A woman needs a man like a fish needs a bicycle.' Beic.

Gofyn rwyf am ... Gofyn rwyf am feic a basgiad ...

Ac mi allwn i gario petha nôl ac ymlaen o'r ardd i'r tŷ. A jest mynd am dro. Chydig bach pellach na dw i'n medru cerdded. Ac mi allwn i bedlo'n galad i fyny i fanna er mwyn cael freewheelio i lawr ar spîd. Mae'r tarmac dal ddigon da, i mi fod yn ofalus.

Tasa gen y dyn 'na ... Gordon oedd ei enw fo. 'Na chi enw uffernol ar gyfer y dyn olaf ar wyneb daear de. Tasa gen Gordon feic falla y byswn i wedi gofyn iddo fo a oedd o awydd aros. Ond doedd gynno fo ddim beic. Dim ond pâr o sgidia a rheiny'n dechra disgyn yn ddarna. Gen i lot o sgidia. Yn y cwpwrdd y drws nesa i'r tunia. Mi o'n i'n perthyn i'r grŵp 'ma, grŵp oedd yn credu bod isio paratoi. Ddim *preppers* go-iawn, ddim fatha rheiny'n Mericia. A nath o ddim lles i rheiny fod wedi cadw'r holl fwlats a bwyd sych spesial naddo? Ond mi oeddan ni wedi bod yn paratoi am ddegawda – paratoi at ryfel niwcliar, pan o'n i'n ifanc de, paratoi at gyfnodau clo, at lywodraeth yn chwalu, at bla arall, at newid hinsawdd a lefelau'r môr yn codi, ac yna fel mae pob dim yn dod rownd eto yn ei dro paratoi at ryfel. Ac ...

Maen nhw'n paratoi at ryfel ...

Ddim dyna oedd o'n olygu nage, y boi ganodd honna? Doedd o ddim yn meddwl am bobl fath â fi'n stocpeilio tunia bîns a sgidia call. A sana. Mi oedd pawb yn gytûn bod sana'n bwysig am ryw reswm. Ac am wn i eu bod nhw. Mi wnes i feichio crio diwrnod o'r blaen, a tydy hynny ddim yn digwydd lot erbyn hyn. Wedi mynd i nôl pâr newydd o sana o'r stôrs o'n i. Ac mi oeddan nhw'n sana efo Winnie the Poo arnyn nhw a meddwl 'nes i na fysa 'na 'run plentyn byth eto yn cael stori Winnie the Poo a Piglet a Tigger a'r mul digalon 'na ... Dw i ddim yn cofio'i enw fo. Ac mi nes i jest crio go iawn, hen ddagra mawr hyll a baw trwyn.

Eeyore! Dyna oedd ei enw fo. Ond tydw i ddim fath â Eeyore, dw i ddim yn ddigalon trwy'r adag. 'Nes i sychu nhrwyn a rhoi'r sana newydd am 'y nhraed a dyna fo. Ond dw i'n dal i feddwl weithia na fydd yna byth eto blant yn cael gwbod am yr Hundred Acre Wood. Na Sali Mali. Na Siôn Blewyn Coch. Neu ... be oedd eu henwa nhw ... Dipsy, LaLa, Po ...

Taswn i'n iau falla y byswn i wedi trio perswadio Gordon i aros o gwmpas. Taswn i'n iau falla y bysa Gordon wedi bod awydd aros o gwmpas yn hytrach na mynd yn ei flaen efo'i ddau dun *sardines*. Ac er mor hyll oedd o, falla y byswn i wedi cael rheswm wedyn i ganu 'Ji Ceffyl Bach'.

Ji ceffyl bach yn ...

Ond dw i'n hanner cant. Rhy hwyr. Gordon neu ddim Gordon. A falla bod hynny'n well. A petha fel ag y maen nhw.

Ji ceffyl bach yn cario mond fi …

Welis i geffyl chydig fisoedd yn ôl. Cyn i'r gaeaf ddechra. Dau geffyl ddeud gwir, yn symud yn ara deg i ddechra ar hyd y grib yn fancw. A finna'n eistedd yn fama'n gwylio nhw am yn hir. Ac yna mi styrbiodd 'na rwbath nhw ac mi nethon nhw garlamu i lawr y llechwedd ac o'r golwg. Dw i'n meddwl lot amdanyn nhw. Meddwl ai caseg a stalwyn oeddan nhw. Dw i'n ama mai stalwyn oedd yr un coch ac mai caseg oedd yr un llwyd. Ond dw i ddim yn siŵr. Dw i'n meddwl tybad ddown nhw'n ôl yn y gwanwyn. Meddwl a fydd yna gyw bach. Fysa ceffyla ddim yn meddwl a oedd o'n syniad da cael ebol bach neu beidio. Falla na fyswn inna'n meddwl rhyw lawer taswn i'n ugain oed. Hyd yn oed efo Gordon. Falla.

Dw i'n gobeithio y down nhw'n ôl – y stalwyn coch a'r gaseg lwyd. Ond tydw i ddim yn gwbod a ydw i isio gweld ebol bach yn dilyn wrth ei chwt hi.

MONOLOG 2: 2101

(*Y flwyddyn 2101. Gwraig ifanc, tua 18 oed, yn sefyll uwchben bedd agored. Nid oes yna feddau eraill ac nid oes yna neb arall o gwmpas*)

Cyflwynaf yn ôl i dy groth, Fendigaid Fam, yr hon a grëodd yr afalau a'r ceffylau, gorff ein chwaer, un na wyddom ei henw. Ond byddi Di'n ei hadnabod ac yn ei chofleidio.

And did those feet in ancient time
Walk upon England's mountains green?
And was the holy Lamb of God
On England's pleasant pastures seen?

(*Mae'n dechrau rhawio pridd i mewn i'r bedd, ac yn dal ati i wneud bob yn ail â siarad*)

Wn i ddim paham ein bod ni'n canu'r geiriau hyn uwch y beddau. Ddealla i mohonynt. Tybed fyddet ti wedi deall y geiriau? Rhywbeth am borfeydd gwelltog, fe gredaf. Rhan o etifeddiaeth Gordon yw'r gân yn ôl fy nain. Dyn da, medda hi, ond yn siarad iaith wahanol i ni. Iaith pobl Ingland, yr Ingland sydd yn y gân, er na wn i yn iawn pa le oedd Ingland. Ond fe lwyddodd Gordon i ffoi oddi yno yn ôl y sôn.

Tybed pa iaith a siaradaist ti, fy modryb newydd yn y bedd. Nid ymddengys y bu gennyt gwmpni yma. A roddaist y gorau'n llwyr i lefaru neu barhau i ymgyfathrebu gyda'r creigiau a'r planhigion ac ambell anifail? A fyddet wedi fy nghyfarch pe bawn wedi cyrraedd ychydig ddyddiau ynghynt? Nid oeddet gelain yn hir.

Trueni i ti farw. Byddai fy nghlod wedi bod yn uwch petaet ti'n fyw, wrth reswm. Uwch byth petawn wedi llwyddo i'th berswadio i ddychwelyd gyda fi. Er dy fod yn hen. Ond o'th ddarganfod a'th gladdu gyda defod gallaf ddychwelyd yn anrhydeddus. Gwn am rai ohonom a fu'n crwydro am flynyddoedd maith heb ddarganfod neb. Cychwyn ar y chwilio mawr yn un ar bymtheg ond gweld neb o gwbl. O leiaf fe allaf ddychwelyd gyda dy fawd, wedi'i dorri â gweddi a'i osod yn fy sgrepan, i brofi fy llwyddiant. Thyms yp. Hwnna hefyd yn deillio o gyfnod Gordon.

Mae darganfod pobl yn mynd yn anoddach, wyddost. Prin iawn yw'r rhai sydd ar ôl. Hen feudwyon fel tydi. Mae'n debygol mai fi fydd un o'r rhai olaf i'w hanfon allan ar y syrj. Yn sicr un o'r rhai olaf i ganfod neb. Bydd angen creu tasg newydd. Mi wn eu bod yn trafod be all y bobl ifanc wneud yn hytrach na mynd ar y syrj.

Ond diolch i ti. Diolch. Bydd fy thyms yp yn rhoi'r hawl i mi ddewis gŵr. Elidyr os bydd yn fodlon. Byddaf wedi profi fy nycnwch, fy ngallu i ddyfalbarhau, fy ngallu i gerdded ac i ddal ati i gerdded.

Mi gerddais ymhell i'r de, mor bell nes bod gen i ofn cyrraedd yr anialdir. Dim ond wrth gerdded yn ôl, â fy nhraed yn swigod poenus, y sylwais ar y cwm bychan hwn a meddwl petawn i'n ffoi y byddai wedi apelio ataf. Meddwl efallai … efallai bod rhywun ddegawdau yn ôl wedi cael ei ddenu gan yr hollt cul yn y llechwedd. A doedd dy gwm bychan di ddim ar ein mapiau, a hynny'n awgrymu na fu neb arall yma ar syrj. Gwobrwywyd fy ngreddf. Ac yn awr does ond rhaid i mi gerdded adref. Cerdded adref at fy mhobl.

Bu raid i ti gerdded trwy dy oes yn do, hen wraig ddienw? Ond fe gaf i geffylau pan ddychwelaf. Caseg i fy ngŵr a stalwyn i minnau. Ac yna fe ddaw ebolion ac fe ddaw plant.

Y Felin Bupur

Daeth tair ymgais i law a phob un yn cynnig rhywbeth i feirniad gnoi cil drostyn nhw. Diolch i'r ymgeiswyr am fynd ati, yn enwedig mewn cyfnod mor heriol ac o dan derfyn amser go lym. Da chi, daliwch ati i sgwennu, mae 'na brinder monologau!

Ffin go denau sydd rhwng monolog, ymson, ysgrif, a stori fer o safbwynt person cyntaf ar brydiau ac ar adegau roeddwn i'n amau a oedd pob ymgais yn ffitio'n daclus i'r diffiniad hwnnw. Ond, gan iddyn nhw gael eu cyflwyno fel monologau i gystadleuaeth fonologau, siawns nad ydy hynny'n ddigon i neb o ran diffinio ac y dylwn i roi'r gorau i hollti blew.

Ishdi-wishd: Roedd y defnydd o iaith lafar yn rhywbeth y gwnes i ei werthfawrogi – yn enwedig felly am fod yr iaith ddeheuol mewn un monolog a gogleddol yn y llall yn rhoi gogwydd hyd yn oed yn fwy cyferbyniol i'r ddau fonolog. Roedd y cyffyrddiadau rhwng y monologau yn effeithiol hefyd wrth i'r un cleient ymddangos ddwywaith. Mi fyddwn i'n nodi, serch hynny, bod yn rhaid bod yn ofalus wrth gymeriadu unigolion rhag iddyn nhw fynd yn debycach i 'deip' nag yn unigolion o gig a gwaed.

Merch Lleiniog: Yr unig ymgais i gadw'r llwyfan mewn cof a gosod cyfarwyddiadau i'r actorion, er mi fyddwn i'n annog *Merch Lleiniog* i ddarllen dramâu er mwyn ymgyfarwyddo â sut mae mynd ati i'w gosod nhw ar dudalen. Ar brydiau, roedd natur y cyfarwyddiadau yn gyrru'r monolog cyntaf i dir abswrdaidd, nad oedd yn ddrwg o beth. Roedd yna gymeriadu clir yn yr ymgais hon er bod y monolog cyntaf yn taro'n well o ran hynny. Roedd rhai cyffyrddiadau fel 'yn gusanau gwlyb, haribos mefus' wrth ddisgrifio cusanau plentyn yn yr ail yn werth chweil. Wedi dweud hynny, dw i'n teimlo fod yr arddull llif meddyliau fymryn yn ormodol ar chwâl yn y monolog cyntaf yn enwedig a bod yr ail hefyd fymryn yn aneglur oherwydd hynny.

Y Felin Bupur: O'r cychwyn cyntaf fe ges i fy nal gan waith *Y Felin Bupur*, gyda'r cymeriadu a'r byd a grëwyd yn argyhoeddi ac yn ddychmygus. Mae'n debyg – o'r disgrifiad o'r golygfeydd – y byddai'r monologau hyn gyda'r anoddaf yn y gystadleuaeth i'w perfformio ar lwyfan ond dydy hynny ddim yn wendid ynddo'i hun; dau fonolog oedd y gofyn, nid o reidrwydd rhai ar lwyfan. Fe ges i flas ar ysgrifennu *Y Felin Bupur* gyda'r defnydd o hiwmor yn codi'r gwaith i dir gwahanol yn enwedig wrth gyferbynnu gyda'r byd tywyll. Cafwyd cymeriadu da a digon o amrywiaeth o fewn y monologau ac o'u cymharu gyda'i gilydd i gadw diddordeb hefyd. Wedi dweud hynny, roeddwn i'n teimlo fod y cymeriad cyntaf yn un mwy crwn ac efallai y byddai'n talu rhoi mymryn mwy o gig ar esgyrn yr ail.

I ba gyfeiriad i fynd, felly? Gan *Ishdi-wishd* yr oedd y ddau fonolog mwyaf cyferbyniol yn ystyr draddodiadol y syniad; roedd *Merch Lleiniog* wedi cofio am gyfarwyddiadau llwyfan ac felly wedi cynnig gweledigaeth fwy eglur o'i gwaith, ond ymgais *Y Felin Bupur* sydd wedi aros yn y cof a chynnig rhywbeth fymryn yn wahanol.

Cyntaf i *Y Felin Bupur*, ail i *Merch Lleiniog* a thrydydd i *Ishdi-wishd*. A diolch eto i'r tri am rannu eu gwaith.

Trosi drama i'r Gymraeg: *Visiting Katt and Fredda*, Ingeborg von Zadow (Verlag der Autoren, Frankfurt, 1995), cyfieithiad Saesneg gan yr awdur 1998

BEIRNIADAETH JEREMY TURNER

Dwy ymgais a gafwyd. Mae *Ymweld â Katt a Ffreda* yn ddrama foel ac eto'n ddrama chwareus. Llwyddodd y ddau ymgeisydd i ail-greu'r moelni ond drwy gadw'n slafaidd at y gwreiddiol ni lwyddodd yr un ohonynt i drosi'r ysbryd chwareus i'r Gymraeg. Cyfieithiadau oedd y ddau ohonynt, yn hytrach na throsiadau, heb fawr o wreiddioldeb.

Gwsberen: Roedd y cyfieithiad hwn yn llythrennol iawn ac oherwydd hyn roedd naws y deialog yn galed. Roedd ychydig o wallau ieithyddol ac roedd gosodiad y sgript ychydig yn flêr.

O'r Ffynnon: Ar brydiau, roedd iaith y cyfieithiad hwn yn briodol ysgafn. Roedd ambell ran yn y cyfieithiad yn dechrau creu naws chwareus ond fe lithrodd yn ôl bob tro at gyfieithu'n llythrennol.

Rhoddir y wobr i *O'r Ffynnon.*

Adran Dysgu'r Gymraeg

CYFANSODDI

Barddoniaeth
Cerdd i godi calon. Lefel: Agored

AR DDYSGU CYMRAEG FEL OEDOLYN

Yn hedfan fel rhinoserosod ar y gwyntoedd o gefnforoedd pell,
dan ni'n ymdreiglo drwy fyd o ddryswch anghyffredin.
Ym mhobman, mae 'na ddatgysylltiad rhwng ein meddyliau a realiti;
mae dysgwr yn ymestyn ei law
yn cael ei wlychu gan law;
(ac yr un fath,
neu rywbeth tebyg, yn digwydd efo ei fath.)
Mae'r geiriau'n llenwi ein pennau yn llithro o'u hystyron,
yn gwasgaru i mewn i synau fel mwg pigog ar ein tafodau.
Ych a fi.
Ond rhaid i ni gael ffydd.
Un dydd, fydd pob pethau'n dod at ei gilydd;
un dydd, fydd ystyr yn llifo'n rhydd;
pan mae'r cefnfor pell wedi trawsnewid i gwm yng Nghymru
ac mae'r rhinoseros wedi egino adenydd fel draig.

Ewan

Daeth 17 o gerddi i law. Yn naturiol ddigon, mae llawer o'r cerddi'n sôn am gyfnod y clo neu o leiaf mae effaith y pandemig i'w deimlo yn y cefndir. Mae'n dda bod y testun wedi gorfodi'r beirdd i edrych am rywbeth cadarnhaol i'w ddweud. Dyma sylw neu ddau am bob un ohonyn nhw, gyda diolch iddyn nhw am gystadlu.

Harro, 'Y Goeden': Mae llawer o gamgymeriadau iaith gan *Harro*, sy'n amharu ar y gerdd. Mae stori a datblygiad i'r gerdd a hoffais yr elfen ddramatig: 'Amynedd, meddai'r garddwr ...' Fodd bynnag, mae'r diweddglo'n aneglur i mi, yn anffodus.

MJ Arthur, 'Codi Calon': Cerdd obeithiol sy' gan *MJ Arthur*, yn chwilio am resymau dros lawenhau yng nghyfnod clo. Mae'n ailadrodd y frawddeg 'Mae llawer o bethau i godi calon' a hynny'n effeithiol, er bod hon yn fwy o restr na cherdd.

Rhyfelwr Cymreig, 'Cymru': Cymreictod yw thema'r *Rhyfelwr Cymreig*, ac mae wedi addurno'r gerdd â lluniau sy'n berthnasol i'r bobl a'r pethau y mae'n sôn amdanyn nhw – er nad oedd angen gwneud hynny. Mae hi'n gerdd ddiffuant, ond efallai ychydig yn rhyddieithol. Mae angen bod yn fwy cynnil i droi ysgrif yn farddoniaeth.

Edfam, Cerdd ddi-deitl sy'n edrych ymlaen at weld y byd yn dod yn ôl at ei goed: fel bod 'gobaith yn dychwelyd/ i weld a chusanu a dal/ ein hanwyliaid unwaith eto.' Mae'r thema'n codi'n aml yn y gystadleuaeth, ac mae angen ychydig mwy o sylwedd neu rywbeth i'w gwneud yn wahanol er mwyn i'r gerdd gyrraedd tir uwch.

Seren, 'Cau dy lygaid': Dyma fardd arall sy'n cael dihangfa a gobaith ym myd natur. Mae'n annog y darllenydd i gau ei lygaid a dychmygu. Yn anffodus, mae'r anogaeth 'Cau dy lygaid' yn dod rhwng darnau hirach o anogaeth i 'chi', h.y. mae'n cymysgu person. 'Caewch eich llygaid' sydd ei angen, er mwyn bod yn gyson.

Y Gwraig Gwydd: 'Rhywbeth (Oddi ar Guriad) i Godi'r Galon': Diolch i'r bardd hwn am gerdd gwbl wahanol i bob un arall o ran thema. Cerdd am wella o glefyd *diabetes* yw hi, neu o leiaf cerdd am rywun sy'n llwyddo i ddefnyddio deiet i reoli'r clefyd. Mae'r gerdd mewn penillion, ond nid mewn mydr ac odl ac yn swnio ychydig yn rhyfedd i'r glust. Hoffais y diweddglo, gyda'r bardd yn mynd am yr oergell i gael 'trît' ac yn ei fwyta ag awch.

Mabel Smith: 'Cerdd i godi calon': Penillion hen ffasiwn mewn mydr ac odl sy' gan *Mabel Smith*, ac mae hynny i'w groesawu'n fawr. Byd natur a'i gysur yw'r thema eto, ac mae'r mynegiant yn ddigon swynol a hoffus yn y penillion hyn. Efallai fod y mydr braidd yn drwsgl weithiau – byddai'n syniad da darllen y gerdd yn uchel ar ôl cwblhau'r drafft cyntaf.

Aderyn Caeth: Cerdd ddi-deitl ar yr un thema â'r rhan fwyaf o'r cynigion. Mae'n gerdd gywir ei hiaith ac yn dangos adnoddau geirfa da. Sôn y mae am gysur byd natur a bod wrth y môr yn arbennig. Efallai fod y gerdd braidd yn haniaethol mewn mannau, ond mae digon o gyffyrddiadau da ynddi.

Peidiwch Digalonni!: Yr un yw'r ffugenw a theitl y gerdd hon. Llongyfarchiadau i *Peidiwch Digalonni!* ar lunio cerdd mewn mydr ac odl, sy'n dipyn o her. Cyfnod y clo yw'r cefndir, a'r neges galonogol yw bod byd natur yn gallu ein helpu drwyddo. 'Gall natur ein cysuro,' meddai, ac mae ei hoffter o gefn gwlad, ac o eiriau telynegol yn amlwg. Dyma gerdd swynol, er bod ambell ymadrodd cloff yn tynnu ychydig oddi arni.

Ceri Wynne, 'Fy Ngwlad, Fy Nghartref': Mae hon yn gerdd fer, effeithiol sy'n sôn am gariad y bardd at Gymru. Erbyn y diwedd, mae'n sylweddoli mai dyma ei gartref, a'i fod 'fel aderyn wedi nythu'. Hoffais yr ailadrodd, er enghraifft 'Dw i...'/ 'Gyda ...' bob yn ail linell a hynny'n dangos tipyn o grefft. Dyma gerdd ddiffuant, deimladwy.

Lynne, 'Cusanu Bywyd Newydd': Mae hon yn gerdd swynol, sy'n edrych ymlaen at yr hyn y bydd aelodau'r teulu'n ei wneud ar ôl cyfnod y clo. Ar ôl y pethau disgwyliedig, fel mynd i ysgol, tafarn neu dŷ bwyta, yr hyn y mae'r bardd ei hun yn edrych ymlaen ato yw cael cwtsh babi. Digon syml yw'r mynegiant, ond mae'r gerdd yn adeiladu'n dda at y diweddglo.

Jane Curry, 'Cerdd i godi calon': Dyma fardd sy'n gwybod sut i drin geiriau a'u troi'n gerdd. Mae'n ailadrodd llinellau dros dri phennill y gerdd a hynny'n effeithiol; er hynny, byddai wedi bod yn braf cael llinell glo fwy trawiadol, yn lle ailadrodd 'Mi fydd yn codi eich calon chi' eto. Mae'r iaith yn gywir, ac mae'r gerdd yn gwbl ddealladwy drwyddi.

Leni Lindys, 'Leni Lindys a Lili Pili': Llongyfarchiadau i *Leni Lindys* ar lunio cerdd mewn mydr ac odl. Mae'r rhythmau a'r odlau'n gweithio'n dda ar y cyfan a'r gerdd yn swnio fel baled. Sail y gerdd yw llyfr enwog Eric Carle (nid 'Searle' fel y nodir). Basai'r gerdd yn gweithio'n dda gyda dosbarth o blant cynradd a digon o ddrama ynddi i gynnal diddordeb. Hoffais yr hiwmor cynnil, a hon yn gerdd gwbl wahanol i bopeth arall yn y gystadleuaeth.

Jam: 'Ddaw'r dydd': Mae'r gerdd hon yn agor yn bwerus iawn: 'Wedi ein blwyddyn fwystfilaidd,/ Daw y gwyntoedd hafaidd/ I gludo plu dant y llew.' Mae rhai gwallau sy'n amharu ar fynegiant y gerdd, ond dyma fardd da iawn. Mae geirfa helaeth ganddo, ond nid yw'n llwyddo bob tro gyda'r iaith lenyddol a'r ffurfiau cryno. Eto, mae hwn yn gynnig da iawn.

Copper Welsh, 'Fy Siwrnai Gymraeg': Mae'r bardd hwn wedi taro ar syniad da, drwy gymharu ei ddatblygiad fel dysgwr â datblygiad y tymhorau. Mae'n llwyddo i gyfleu'r syniad yn bert: 'Yr Hydref. Mae'r geiriau yn cwympo fel dail/ Coch, brown, gwyrdd, oren, dim patrwm/ Ac rydw i ar goll, mewn môr o liwiau.' Cerdd syml ond effeithiol sy'n dod yn uchel yn y gystadleuaeth.

Suran y Coed, 'Heulwen ar ôl y glaw': Dyma gerdd delynegol, sy'n defnyddio'r synhwyrau i gyd. Mae ambell linell arbennig o dda gan *Suran y Coed*, er enghraifft 'Trapiau sidan y corryn, fel daliwr breuddwydion,/ Yn disgleirio efo defnynnau dŵr ...' Mae adnoddau geirfa helaeth (neu eiriadur) ar waith yma eto, ac mae'n haeddu bod yn uchel yn y gystadleuaeth.

Ewan, 'Ar Ddysgu Cymraeg Fel Oedolyn': Mae hon yn gerdd aeddfed, gan fardd deallus. Mae'n taflu delweddau a syniadau trawiadol ar bapur, er enghraifft 'Mae'r geiriau'n llenwi ein pennau yn llithro o'u hystyron,/ yn gwasgaru i mewn i synau fel mwg pigog ar ein tafodau.' Dyw pob llinell ddim yn eglur ei hystyr, ond dyma rywun sy'n gallu trin geiriau'n dda ac sy'n llawn dychymyg.

Mae *Ewan* yn haeddu'r wobr gyntaf, *Suran y Coed* yn ail a *Copper Welsh* yn drydydd. Diolch i bob un am eu gwaith ac am safon uchel eu Cymraeg.

Rhyddiaith

Blwyddyn Goll, dim mwy na 500 o eiriau. Lefel: Agored

BLWYDDYN GOLL

Blwyddyn fel ffenestri gwag. Dyma flwyddyn goll. Ffenestri a oedd agoriadau i'r byd mawr yn y ddinas a'r dref, ond erbyn hyn yn debyg i dyllau llygaid mewn penglog. Dyna oedd y ddinas neu'r dref lle roedd pobl yn byw, gweithio a phrynu. Pobl a oedd yn rhuthro o'r swyddfa am hanner dydd i gael brechdan sydyn neu'n cerdded ar hyd y strydoedd ymhlith y morgrug eraill wrth lapio eu bysedd oer o gwmpas cwpan papur llawn hylif poeth a diflas. Pobl a oedd yn gwthio eu ffordd i'r siopau efo ciwed o blant afreolus. Pobl a brynai bethau moethus i'r cartrefi. Pethau sy'n troi tŷ'n gartref. Pethau sy'n gwneud byd o wahaniaeth os ydach yn ceisio gwneud yr argraff iawn ar y bobl bwysig. Pobl a oedd yn crwydro am sbel ar ôl gadael y dafarn ac mae gwynt main y gwanwyn cynnar yn brathu. Mae awyrgylch gynnes wedi syrthio oddi arnynt fel mantell. Pobl a oedd yn stwffio bagiau mawr i mewn i geir wrth i'r gwynt grychdonni trwy eu gwallt. Pobl a oedd yn neidio oddi ar fysiau a phobl eraill sy'n chwifio ar dacsis wrth edrych yn nerfus ar eu horiorau fel y byddai llygoden yn edrych o'i chwmpas ar ôl codi ei phen allan o dwll.

Aeth hyn ar goll yn sydyn, ond nid yn rhy sydyn. Mygwyd llais ein bywydau'n araf wrth i ni weld y cwmwl du ar y gorwel. Symudai'n agosach trwy'r amser, ond dim ond wedyn y talon ni sylw. Beth ydy'r golled? Ein colled ni. Collon ni gynhesrwydd ac agosatrwydd y bobl sy'n cadarnhau'n bod ni'n ddynol a phwysig. Dan ni'n golygu'r byd i rywun, ond am sbel, roedd rhaid i ni atgoffa'n hunain o hynny ac edrych efo hiraeth ar wynebau rhithiol ein hanwyliaid ar sgrin y cyfrifiadur neu ffôn. Cynllunion ni a basen ni'n dathlu, ond heb wybod pryd. Basen ni'n galaru'r meirw a gobeithio na fyddai newid mawr yn y ffigurau a fflachiodd ar waelod sgrin deledu. Gobeithio na chlywen ni newyddion tebyg am ein teulu, ein ffrindiau, ein cymydogion ...

Enillodd natur. Enillodd y byd sydd tu hwnt i'r ddinas a thref amser i anadlu a daw'r awelon newydd hyn i'n hysgyfaint. Bydd yr haul sy'n gwenu trwy'r awyr ddilychwin yn codi'n calonnau ni. Bydd y dŵr gloyw sy'n llamu dros gerrig gwely y nant yn golchi llwch y flwyddyn goll o'n llygaid ni. Mae cennin Pedr yn dal i flodeuo. Mae'r llygaid Ebrill sy'n cuddio mewn man tawel wrth yr afon yn llachar a siriol, er gwaetha'r ffaith na welwn ni eu harddangosfa herfeiddiol. Cân adar yn ddi-hid. Tynnwn ni gryfder o'u hawydd i oroesi.

Daw'r ffrindiau at ei gilydd eto. Bydd y swsus mwyn yn cael eu rhoi. Bydd y cofleidiadau'n cael eu derbyn. Gorfoleddwn ni yn y rhyddid, ond bydd cysgodion y meirw'n bwrw eu holion dros balmentydd y ddinas wrth i'r siopwyr brysuro. Fydd y flwyddyn goll o ffenestri gwag yn cael ei serio ar ein hanes fel rhybudd i'n dyfodol ni?

Martin

Daeth deg ymgais i law. Maen nhw ar yr un testun, sef 'Blwyddyn goll', ond mae pob un yn trin y testun mewn ffordd unigryw a gwahanol. Mae pob un yn cyffwrdd â rhywun ac yn gofiadwy ac wedi bod yn ddeunydd darllen diddorol, er dwyster cynnwys sawl un.

Cerys: Ceir darlunio sefyllfa mam a sut yr effeithiodd y cyfyngiadau a osodwyd gan y pandemig ar ei phlant mewn ffyrdd gwahanol a hwythau ar gyfnodau gwahanol yn eu bywydau. Mae'n ennyn ein cydymdeimlad â hwy, ac â hithau yn ei phryder amdanynt. Try at adennill beth a ddylai fod wedi bod yn enedigaeth fraint iddi sef yr iaith Gymraeg, ac mae'n gwneud diweddglo boddhaus. Ceir nifer o wallau iaith ac mae'n anodd amgyffred mewn un man at bwy yn union y mae'n cyfeirio pan sonnir am 'ei ferch'. Ai camdreiglad sydd yma, ac mai 'ei merch' a olygir, ynteu a ydym wedi neidio at sefyllfa newydd o dad a merch?

Coch y Berllan: Darn difyr yn llonni calon. Mae'n drueni am y camgymeriadau sydd yn tynnu oddi wrth hyfrydwch y darn a'r positifrwydd sy'n rhedeg drwyddo. Llwydda i gyfleu'r wefr a deimlai wrth ddechrau meistroli'r delyn ac wrth gofnodi ei meddyliau a'i hatgofion mewn dyddiadur. Mae'n dweud pethau dwys ond mae'r gymhariaeth y mae'r awdur yn ei gwneud rhwng yr hyn y mae pobl wedi bod yn ei golli yn gyffredinol wrth fod dan gyfyngiadau cyfnod clo ag Anne Frank yn colli'i bywyd, yn gwneud i ni roi pethau mewn persbectif.

Hen lanc: Mae yma ysgrifennu mewn arddull naturiol sydd yn bleser i'w ddarllen mewn mannau, gydag ymadroddion naturiol da yn cael eu defnyddio, er mor afiach ydy rhai o'r pethau sy'n cael eu disgrifio. Ysgrifennir yr hanesyn hwn drwy lygad gofalwraig, sydd o bosib yn berthynas, a hithau'n flwyddyn ers i'r sawl sydd dan ei gofal golli ei fam. Ceir y teimlad bod rhywun yng nghwmni siaradwr brodorol weithiau. Fodd bynnag, mae rhai gwallau siomedig yn y gwaith.

Martin: Dyma ddarn da iawn. Mae'r ysgrifennu'n raenus, gyda dim ond ychydig iawn o wallau. Defnyddir gormod ar y lluosog, sydd yn rhoi ambell dinc annaturiol i'r gwaith. Mae'r awdur yn dweud yn gryno ac yn gynnil sut flwyddyn fu hi dan y cyfyngiadau a osodwyd, ac mae'n disgrifio'n glir yr hyn a gollwyd. Roedd yn bleser darllen ymadroddion fel 'pethau sydd yn gwneud y byd o wahaniaeth'. Mae'r ffordd y disgrifir bywyd fel yr oedd cyn y newid mawr, yn arbennig o effeithiol, ac yna'r hyn sydd yn rhoi gobaith o'r newydd.

Gareth: Darn clyfar; yr wyf yn hoffi'n fawr y ffordd y cyfosodir ynddo y ddwy wedd a fu i fyw bywyd dan gaethiwed cyfyngiadau cyfnod y clo. Mae'n adlewyrchu i'r dim sut y bu i sawl un, ond eto yn dod â manylion bach unigryw yn fyw wrth ddisgrifio sut y bu hi'n union i'r unigolyn hwn. Ychydig iawn o wallau sydd, ond mae'n camddefnyddio'r gair 'methu' yn lle defnyddio 'colli', sydd yn drueni, o ystyried y testun. Mae'r disgrifio yn taro deuddeg; ond cerdd dau bennill o gwpledi yn odli sydd yma, nid darn o ryddiaith.

Glaslyn: Hoffais y stori hon a ysgrifennwyd o bersbectif aelod o deulu y parodd eu mudo iddi fod ar goll am flwyddyn gron. Swti'r gath sy'n ysgrifennu'r stori, a chawn ein tywys drwy ei hynt a'i helynt hi a'i ffrind Swki'r gath drws nesaf. Mae llawer o'r ysgrifennu'n dda, yn amyneilio naratif a deialog yn ddifyr. Cafwyd ambell wall gwael, fel 'gwybod ardal'. Mae i'r stori ddechrau, canol, a diwedd boddhaus.

David Reilly: Mae'r ymgeisydd yn arddangos meddwl craff ac yn gwneud sylwadau anghyffredin o ddiddorol, gan ddyfynnu meddyliau athronyddol Proust a Donne. Hoffais yn fawr y frawddeg hon: 'Dan ni wedi bod yn benthyca gan y dyfodol i dalu am y presennol ond rŵan mae'r bil wedi cyrraedd ...' Mae yma ormod o wallau, fodd bynnag, iddo haeddu ennill y wobr.

Dyn Ynysig: Mae'r dechrau ychydig yn gamarweiniol, ac mae'n cymryd ychydig o amser i ddeall yr hyn y mae'r ymgeisydd am ei ddweud wrthym. Yn y bôn, disgrifir y profiad o fyw bywyd gwahanol yn sgil y newidiadau a orfodwyd arnom gyda rheolau i geisio'n gwarchod rhag y coronafeirws. Tynnir ein sylw at y gwahaniaethau sylweddol a wna gwisgo mygydau, er enghraifft, wrth i ni ymwneud â'n gilydd. Cawn fynd dan groen rhywun y mae'r cyfan yn effeithio ar ei iechyd meddwl, ond ceir tro annisgwyl yn yr hanes wrth i Zoom ddod i'r adwy yn achubiaeth.

Adrian: Mae'r rhan gyntaf wedi ei hysgrifennu'n arbennig o dda. Fodd bynnag, nid oedd yn hawdd dirnad yr hyn a oedd dan sylw ganddo bob tro, er enghraifft 'yn ystod yr wythnos treuliais i Blwyddyn Goll ychydig iawn o amser ynddo fe'. Ond ceir disgrifiadau llwyddiannus a hyfryd yn y darn, fel yr un sy'n adrodd amdano'n gallu cyflawni uchelgais oes wrth gael amser i ddysgu Cymraeg, a gweld hyn fel yr haul yn 'disgleirio rhywfaint o olau i'r cysgodion'.

Pengelli: Cafwyd ysgrifennu graenus yma ar y cyfan. Mae yma stori fach sydd yn cydio, ac yn mynd â ni'n ôl ganrif a hanner ac yn peri i'r darllenydd fod eisiau darllen ymlaen i gael gwybod beth a ddigwyddodd yn y diwedd. Yn wahanol i ymgais pob un arall, nid pandemig y cyfnod presennol sydd dan sylw ond amgylchiadau anodd i unigolion mewn cyfnod gwahanol, yn peri ei bod wedi bod yn fwy na blwyddyn goll. I nifer ohonyn nhw, blwyddyn o golli'r cyfan ydoedd.

Rhoddaf y wobr i *Martin*.

ARGRAFFIADAU CYNTAF

Helô. Ydych chi'n newydd?

Ydan.

O le wyt ti'n dŵad?

Dan ni'n dŵad o Fanceinion yn wreiddiol ond mi wnaethon ni symud i Ynys Môn ym mis Medi llynedd i fod yn fwy agos i'r teulu.

Lle maen nhw'n byw?

Mae gan Catherine ddau frawd. Un brawd a'i wraig yn byw ar Ynys Môn. Mae'r brawd arall a'i wraig yn byw ym Manceinion.

Pwy arall ydych chi'n eu hadnabod yma?

Mae gynnon ni gymdogion, Carol ac Elfed, sy'n anogi Catherine i ddysgu Cymraeg.

A be dach chi'n licio gwneud yma?

Dw i'n hoffi bwyta llygod Cymraeg! Miow!

Katrine

Roedd pum cystadleuydd – gyda gwaith da iawn yn eu plith o gofio mai ar lefel Mynediad roedd y gystadleuaeth hon (sef y rhai sydd wedi bod yn dysgu ers llai na dwy flynedd).

Mae'n debyg nad ydy *Emlyn* wedi deall gofynion y gystadleuaeth gan mai hanes ei deulu'n mynd i'r Eisteddfod oedd testun ei waith o. Mae'r pedwar cystadleuydd arall i gyd wedi llwyddo i lunio deialogau digon doniol.

Cacen: Adrodd stori ddigon cyfarwydd i lawer sy'n dysgu iaith wnaeth *Cacen*, wrth esbonio sut roedden nhw wedi dod o siop heb gael yn union beth oedden nhw isio. Mae'r treigladau i gyd ar goll, ond fel arall mae safon yr iaith yn y darn hwn yn dda iawn.

Morwr Heulwen: Gwisg mewn cyfweliad oedd testun y ddeialog hon. Eto, dyma ddeialog ddigon digri ac mae safon y Gymraeg yn dda ar y cyfan, gyda dim ond y gwallau disgwyliedig ar y lefel hon ac ambell wall teipio.

Ffynnon Enddwyn: Adrodd stori ddoniol y mae'r cystadleuydd hwn. Mae'r Gymraeg yn dda er bod yna fwy nag un enghraifft o ddywediad sydd wedi cael ei gyfieithu'n uniongyrchol o'r Saesneg sydd braidd yn chwithig yn y Gymraeg.

Katrine: Dyma ymdrech dda iawn a defnydd da iawn o'r Gymraeg ar y lefel hon. Yr unig beth sy angen sylw ydy'r defnydd o 'ti' a 'chi'. Unwaith eto, mae hiwmor yn y ddeialog ac mae'r diweddglo'n annisgwyl!

Felly, yr enillydd ydy *Katrine*.

Taswn i'n gallu troi'r cloc yn ôl,

dim mwy na 150 o eiriau. Lefel: Sylfaen

TASWN I'N GALLU TROI'R CLOC YN ÔL

Mae fy mysedd yn oer ac yn stiff.
Dw i ddim yn credu fy mod i'n gallu ysgrifennu llawer mwy, nac yn dda.
Mae'r gwynt yn chwythu'n galed.
Bydd y storm yn ddiddiwedd.
Mae popeth yma yn wyn.
Beth oedd yn goch?
Beth oedd yn wyrdd?
Blodyn?
Cusan?
Mae fy ffrindiau yn dawel.
Dyn nhw ddim yn symud.
Ydyn nhw'n cysgu?
Am beth maen nhw'n breuddwydio?
Mae'r cŵn wedi bwyta'r cŵn.
Dyn ni wedi bwyta'r ceffylau tyner.
Dyn ni wedi bwyta ein gobeithion cynyddol! Dyn ni wedi bwyta ein breuddwydion. Dyn ni wedi colli'r ras.
Dyn ni wedi colli'r byd.
Fy nghariad Kathleen, fy merch gynnes a lliwgar, taswn i'n gallu troi'r cloc yn ôl, faswn i ddim yn gadael dy ochr di eto.
Fy nghariad. Fy nghalon fy hun.
Peidiwch ag anghofio fi.
Robert Falcon Scott.

Linda

Daeth 12 ymgais i law. Maent i gyd wedi defnyddio dychymyg i greu eu gwaith, ac ambell un yn hollol annisgwyl. Mae dwy ymgais wedi dod i'r brig, ond rhaid i mi ddewis un.

Dyma'r drefn y derbyniais y gwaith:

Mel: Gwaith teimladwy iawn a brawychus braidd. Mae'r testun yn ddiddorol a phwerus, a safon yr iaith yn dda iawn. Mae'r cwbl wedi'i seilio ar drychineb fythgofiadwy.

Jinks: Gwaith gan rywun sy'n dyheu am y gorffennol. Defnydd da o'r iaith gydag ychydig o wallau.

Joshua: Braidd yn siomedig bod testun y gystadleuaeth wedi'i gynnwys yn y darn bum gwaith. Syniad da ond ddim cweit wedi cael y maen i'r wal.

Loz: Ymgais dda gan rywun ar lefel Mynediad. Dim llawer o wallau iaith a stori ddiddorol.

Kate: Syniad da am stori ond doedd hi ddim yn amlwg beth oedd y cysylltiad rhwng y paragraff olaf a gweddill y darn. Roedd sawl gwall yn y paragraff olaf.

Y Ddraig Goch: Darn o waith graenus, gyda defnydd da o'r iaith ac amser y ferf. Wedi treiglo'n hollol gywir. Ond eto, doedd y stori ddim wedi cydio ynof.

Dilys Goldwyr: Darn arall o waith da. Defnydd da o'r iaith ac amser y ferf, a'r treigladau'n hollol gywir.

Cynog: Syniad gwych sy'n gwneud i rywun deimlo y carai fynd gyda'r ymgeisydd ar y daith i'r gorffennol. Mae angen rhoi sylw i'r gwallau gramadegol.

Linda: Testun diddorol a theimladwy gyda diweddglo trist, a'r cwbl wedi'i seilio ar ffeithiau brawychus. Defnydd a chywirdeb yr iaith yn dda.

Shelley: Ymgais dda ac mae rhywun yn gallu uniaethu'n syth â'r hyn sy'n cael ei bortreadu fan hyn. Defnydd da o'r iaith a chywirdeb treiglo.

Ruth: Yn y darn hwn credaf fod yr ymgeisydd yn dyheu am ddychwelyd i Gymru, ac yn difaru nad oedd wedi magu gwreiddiau dyfnach yn ystod ei m/fagwraeth yn y blynyddoedd cynnar yng Nghymru. Darn diddorol, er bod sawl gwall iaith.

Ji-binc: Darn gan rywun sy'n hoff iawn o gerddoriaeth. Defnydd da o'r patrwm 'Dylwn i fod wedi ...' – sydd ddim bob amser yn hawdd i ddysgwyr ei feistroli.

Rhoddaf y wobr i *Linda*.

Llythyr at berson enwog yn ei berswadio/pherswadio i ddysgu Cymraeg, dim mwy na 200 o eiriau. Lefel: Canolradd

Y LLYTHYR

Annwyl Frenhines Fictoria,

Dw i'n ysgrifennu atoch chi am rywbeth o'r pwys mwyaf. Dw i'n byw yng Nghymru a dw i'n dysgu Cymraeg ers chwe blynedd. Hoffwn i ofyn i chi feddwl am ddysgu Cymraeg. Mae adolwyn mawr, dw i'n gwybod, ond dych chi'n foneddiges sy'n ddeallus, caredig, a dych chi'n gofalu am eich pobloedd.

Nawr, bob dydd yng Nghymru, os ydy plant yn siarad yn Gymraeg, cosbir nhw gan wisgo'r Cwstom, darn o bren sy'n ennill y gwisgwr fflangelliad ar ddiwedd y dydd. Sut fasech chi'n teimlo tasai Beatrice yn cael ei fflangellu achos bod hi'n siarad Saesneg â'i hathrawes hi?

Dych chi'n gwybod bod pobl sy'n byw yng Nghymru ddim mor wahanol na phobl sy'n byw yn Lloegr. Pan o'ch chi yn Llandderfel, dwedoch chi fod Cymru'n hardd a'r bobl yn deimladwy a thwymgalon, y croeso'n ardderchog a brwdfrydig. Ydy ein hiaith ni'n diraddio ni? Mae nifer y siaradwyr Cymraeg yn cwympo'n barod.

Chi yw'r person sy'n gallu gwneud gwahaniaeth ar hyn o bryd. Mae'r Llyfrau Gleision yn dweud bod Cymraeg yn iaith gaethwasanaeth, yn iaith amaethyddol, syml a gwladaidd. Dych chi'n gallu gwneud Cymraeg yn iaith frenhindod. Dysgwch Gymraeg a newidiwch hanes.

Yn wir,

Morgan Corsiva

Morgan Corsiva

O gofio cymaint o ddysgwyr ledled Cymru a thu hwnt sy'n dilyn cyrsiau ar lefel Canolradd a hefyd o ystyried cymaint o botensial oedd yn y testun a osodwyd, siom o'r mwyaf oedd mai dim ond un ymgais a ddaeth i law ar gyfer y gystadleuaeth hon.

Wedi dweud hynny, rhaid cydnabod bod llythyr *Morgan Corsiva* yn safonol tu hwnt. Y Frenhines Fictoria ydy'r derbynnydd ac mae'r awdur yn ei hannog yn gryf i ddangos esiampl i'w phobloedd trwy ddysgu'r Gymraeg. Mae'n defnyddio pob arf posib – mae'n ei seboni, ei chywilyddio ac yn ei dyrchafu – a hynny i gyd mewn llythyr cryno ac angerddol. Mae'r awdur hefyd yn dangos gwybodaeth gefndirol dda a dealltwriaeth o hanes yr iaith Gymraeg.

Mae safon iaith *Morgan Corsiva* yn ardderchog. Mae'n defnyddio amrywiaeth o batrymau'n gywir ac yn briodol, ac mae'r brawddegau'n llifo'n rhwydd ar y cyfan. Rhaid bod yn ofalus rhag gorddibynnu ar y geiriadur (er enghraifft, byddai 'dymuniad' yn fwy naturiol nag 'adolwyn') a rhag cyfieithu'n uniongyrchol o'r Saesneg (er enghraifft 'darn o bren sy'n ennill y gwisgwr fflangelliad') ar brydiau, ond mân frychau ydy'r rhain. Mae gan yr awdur afael gadarn ar yr iaith a rhaid ei longyfarch ar ei feistrolaeth ohoni.

Mae *Morgan Corsiva* yn llawn haeddu'r wobr gyntaf, yn ddi-os.

Adran Dysgu'r Gymraeg

AGORED I DDYSGWYR, TIWTORIAID A SIARADWYR CYMRAEG RHUGL

Llunio pennod gyntaf Nofel i Ddysgwyr ar Lefel Canolradd

Fe ddylai'r bennod fod rhwng 1,000 a 2,000 o eiriau. Gallwch ddewis unrhyw *genre*. Ystyrir datblygu'r gwaith buddugol gyda chefnogaeth y Ganolfan Dysgu Cymraeg Genedlaethol

BEIRNIADAETH HELEN PROSSER

Yn sgil y cynnydd ym mhoblogrwydd nofelau i ddysgwyr Cymraeg, penderfynwyd cyflwyno cystadleuaeth i ofyn am bennod gyntaf nofel i ddysgwyr lefel Canolradd. Ni fwriadwyd hyn yn gystadleuaeth i ddysgwyr, ond o'i chynnwys yn Adran Dysgu'r Gymraeg, dw i'n amau mai dysgwyr sydd wedi cystadlu. Daeth chwe ymgais i law: mae gwallau niferus yn y gweithiau i gyd ond penderfynais beidio â chosbi'r rhain a dewis y bennod agoriadol a oedd yn fy nhynnu i mewn i'r stori. Maen nhw ar destunau amrywiol ac roedden nhw i gyd yn ddiddorol i'w darllen.

Colomen, 'Y Pen': Dyma hanes Arthur, Cai, Taliesin ac eraill yn cael hyd i ben Bendigeidfran. Byddai'r nofel hon yn apelio at ddysgwyr sydd eisiau dysgu mwy am hanes a chwedlau. Yn anffodus, fel y mae, mae'n llawer rhy anodd ar gyfer dysgwyr lefel Canolradd.

Cerys, 'Cyfarfod siawns mewn lifft': Stori sy'n cael ei hadrodd yn y person cyntaf a geir yma – hanes merch yn dychwelyd o'r Almaen i wneud cwrs yn Llundain ac yna'n cwrdd â'r dyn perffaith mewn lifft. Mae'r lefel yn briodol ar y cyfan ac yn defnyddio ffurfiau Dysgu Cymraeg, ac eithrio'r defnydd o'r iaith ffurfiol yn y negyddol, er enghraifft 'Nid o'n i'n gwybod'.

Merch y Fferm, 'Hanes yn yr Atig': Dyma hanes gwraig yn symud o'r ddinas i'r cymoedd yn dilyn ysgariad. Mae'n cael hyd i flwch ar ddiwedd y bennod gyntaf, a dyma'r bachyn i'n tynnu i mewn i'r nofel. Er gwaetha'r gwallau niferus yn y bennod hon, a'r angen i symleiddio'r iaith ychydig, mae potensial i ehangu ar y bennod hon a'i throi yn nofel.

Gorffen, 'Dau bentref a dwy ysgol': Dyma agoriad sy'n llawn gwrthgyferbyniadau – rhwng y ddwy ysgol yn y pentref: yr ysgol breifat neu'r Academi ac ysgol dlawd y cyngor. Mae'r ddwy ysgol yn dod at ei gilydd unwaith y flwyddyn ac mae'r bennod agoriadol hon yn gosod y cefndir. Dw i'n hoffi'r hiwmor a'r dychan yma, er enghraifft cawn hanes pentref 'sy ddim wedi cael ei droi'n gronfa ddŵr na phentre gwyliau (ddim eto!)'. Os bydd *Gorffen* yn cystadlu eto, dylai ddarllen yn ofalus dros y gwaith cyn ei gyflwyno.

Pysgodyn Aur, 'Y Cynllun': Yma rydyn ni'n cwrdd â dau gymeriad yn Awstria – un ohonyn nhw'n Gymro sydd newydd gyrraedd y wlad. Mae'r awdur yn creu naws yn dda ac yn creu cymeriadau credadwy hefyd. Dydyn ni ddim yn gwybod beth fydd 'Y Cynllun' ond mae'n swnio fel rhywbeth amheus. Ar y cyfan, mae'r ffurfiau a'r eirfa yn addas ar gyfer lefel Canolradd.

Katherine Thomas, 'Wally y Walrws': Dyma stori fach gyfoes sy'n sefyll ar ei phen ei hun fel pennod yn adrodd hanes Wally'r Walrws yn cyrraedd Dinbych-y-pysgod. Eleri, merch naw mlwydd oed, sy'n ei ddenu i Gymru ar ôl cwrdd â fe yn Norwy. Er mor hyfryd yw'r stori, mae hi'n llawer mwy addas i blant nag i oedolion.

Rhoddaf y wobr i *Merch y Fferm*, gyda *Pysgodyn Aur* yn ail agos.

Adran Cerddoriaeth

Emyn-dôn i eiriau Terwyn Tomos

BRYNISAF

| d | :t₁.d | r | :m | | f | :s .l | s | :m | | f | :m .r | d | :r | d | :t₁ | d :– |

| s₁ | :s₁ | l₁ | :l₁ | | l₁ | :l₁ | r | :de | l₁ | :se₁ | s₁ | :f₁ | f₁ | :s₁ | s₁ :– |

Chwa- lu'r ffin- iau   sydd yn rhan- nu, Darn- io'r dry-sau sydd ar gau.

| m | :m | s₁ | :s₁ | | f | :f | s₁ | :s₁ | | r | :f | d | :l₁ | m | :f | m :– |

| d | :d | l₁ | :t₁.de | r | :d | | t₁ | :l₁ | r₁ | :r₁ | | m₁ | :f₁ | s₁ | :s₁ | d₁ :– |

Ffugenw: Sara

Mae hi'n amser ...

Mae hi'n amser agor llygaid,
edrych eilwaith ar y byd,
herio'r cecru a'r gwrthdaro,
ysgwyd ein bodlonrwydd clyd;
codi eto ein golygon
rhag i'n gobaith ymbellhau,
chwalu'r ffiniau sydd yn rhannu,
darnio'r drysau sydd ar gau.

Mae hi'n amser dysgu gwrando,
clywed lleisiau'r rhai mewn braw,
deall beth yw rhoi maddeuant,
beth yw ystyr estyn llaw;
amser gweithio, â thosturi,
gyda'r rhai sy nawr ar chwâl,
gwrthod derbyn bod rhaid cosbi,
mynnu dial, mynnu tâl.

Mae hi'n amser gwneud, nid siarad,
amser i ni fyw ein ffydd,
gosod neges dy efengyl
yn ganolog i bob dydd;
rhoi ar waith yn ymarferol
ein cryfderau, a phob dawn;
cerdded llwybr gyda hyder
i gyflawni'r hyn sy'n iawn.

Terwyn Tomos

Daeth wyth ymgais i law, gyda phob ymgeisydd wedi cyflwyno'r cyfansoddiadau ar gyfrifiadur mewn hen nodiant ar y mesur 87.87.D. Hefyd mae rhannau SATB gan bob un o'r wyth cyfansoddiad.

Pedr Fychan, 'Rhydychen': Ceir nifer o rinweddau cyfansoddi effeithiol yn y cyfansoddiad hwn. Ar y cyfan, mae'r harmonïau'n llifo'n esmwyth gyda thrawsgyweiriad nodweddiadol i'r llywydd ym mar 16-17. Fodd bynnag, mae sawl enghraifft o wythfedau a phumedau dilynol yn yr harmoni. Hefyd, ar adegau, mae'r cyfwng rhwng rhannau'r tenor a'r alto yn y cordiau braidd yn fawr. Ar y cyfan, mae'r ymdrech hon yn un deg.

Carpe diem: Mae dehongliad y cyfansoddiad hwn yn fy mhlesio, yn enwedig yr ail ran. Hoffaf y diweddebau yn fawr, yn enwedig y rhannau i adran y tenoriaid. Credaf fod ail ran yr emyn-dôn yn ardderchog wrth symud i gywair y meidon mwyaf. Mae'n tanlinellu geiriau allweddol yr emyn – geiriau megis 'cerdded llwybr gyda hyder' a 'darnio'r drysau sydd ar gau'.

Sara, 'Brynisaf': Dyma enghraifft o gyfansoddiad crefftus a seingar. Mae'r alaw yn llifo'n rhwydd ac yn ddidrafferth. Mae fframwaith y cyfansoddiad AABA yn glir ac yn gytbwys. Hoffaf y dehongliad yn fawr iawn. Credaf fod dosraniad y lleisiau yn feistrolgar ac yn ganadwy. Mae rhythm motiff agoriadol yr alaw yn ymddangos nifer fawr o weithiau: yn ail ran y cyfansoddiad mae'r motiff yn cael ei wrthdroi gyda defnydd meistrolgar o wrthdro olaf cordiau'r 7fed. Emyn-dôn ardderchog.

Gwil, 'Larnog': Mae'r dewisiad o dri churiad yn y bar yn golygu llif alawol rhwydd. Caf fy mhlesio wrth sylwi ar nifer o ddyfeisiadau apelgar megis gohiriannau, a thrawsgyweirio byrhoedlog. Mae'r rhythm cyson a glywn ar y cychwyn yn gweddu'n dda i fesur 87.87.D. yr emyn. Rhaid canmol y defnydd o harmoni, yn enwedig y rhannau cromatig i'r alto a'r bas. Mae ail adran yr emyn-dôn yn ddehongliad diffuant o 'Hyder' a 'Gobaith' y bardd. Ymgais ganmoladwy.

Ifor Bach, 'Penrhos': Cawn alaw agoriadol ofalus sy'n symud fesul cam wrth gyrraedd cywair perthynol lleiaf ar ddiwedd y frawddeg ym mar 4. Mae dosraniad y rhannau lleisiol yn dda ar y cyfan, ond credaf fod angen osgoi undonedd llinellau'r tenor a'r alto ar ddechrau ail ran y cyfansoddiad (bar 9-10). Mae cymal olaf yr emyn-dôn yn cyflwyno dyhead y bardd yn hynod o effeithiol gyda chyfansoddi dyfeisgar a chrefftus. Hoffaf yn fawr y diweddglo olaf grymus, yn enwedig llinell y tenor!

Drych: Mae'r rhagarweiniad pedwar bar offerynnol, organ/piano, yn sefydlu'r cywair D leiaf yn syth ar y cychwyn: agoriad anthemig ei naws. Cawn alaw unsain gref sy'n symud fesul cam. Hoffaf y cyfeiliant offerynnol yn fawr. Mae'n rhoi dimensiwn ychwanegol i'r cyfansoddiad. Mae dosraniad y lleisiau SATB yn dda. Credaf, fodd bynnag, bod yr adran SATB yn gorddilyniannu (bar 14-19). Mae'r diweddglo yn y cywair mwyaf yn adlewyrchiad grymus a hyderus o neges yr emyn. Ymgais dda.

Vincent: Hoffaf y cyferbyniad rhwng dwy adran yr emyn-dôn. Yr ail adran sydd orau gen i oherwydd crefftwaith yr harmoni a'r dosraniad lleisiol. Mae gan bob llais ran ddiddorol: cawn ddiweddebau ystyrlon gyda gohiriannau sy'n adfer yn gywir. Hoffaf gystrawen yr emyn-dôn, ond mae sawl enghraifft o wythfedau dilynol rhwng tenor a bas yn adran agoriadol y cyfansoddiad (barrau 1,3,5,6). Rhaid, fodd bynnag, gyfeirio at ran gromatig hyfryd sydd gan yr alto tua diweddglo'r dôn. Ymgais ganmoladwy.

Dilwyn: Rwy'n hoff o batrwm y cyfansoddiad, sef A1 A2 B1 B2. Mae dewis cyweirnod D meddalnod mwyaf yn ddiddorol. Ar y cyfan, mae'r gynghanedd yn gywir er bod rhannau'r bas ar adegau yn isel iawn i gynulleidfa capel neu eglwys. Hefyd mae'r cyfwng rhwng rhannau'r tenor a'r bas yn rhai o'r cordiau yn rhy eang. Cawn ddiweddeb perffaith da ym mar 7-9 wrth symud i gywair y llywydd. Sylwaf hefyd ar rannau pwysig cromatig yr alto a'r tenor yn y diweddeb hwn. Mae enghreifftiau o wythfedau dilynol rhwng soprano a thenor ym marrau 3 a 4 yn amharu ar ansawdd seinyddol y frawddeg gerddorol.

Rhoddaf y wobr i *Sara*.

Trefniant i unrhyw gôr o *genre* amrywiol, hyd at 4 munud o hyd. Cyfrifoldeb y cyfansoddwr yw sicrhau hawl i ddefnyddio'r geiriau

BEIRNIADAETH PAT JONES

Daeth pedair ymgais i law a phleser oedd cael darllen a gwrando ar yr amrywiol gyfansoddiadau.

Vincent, 'March Glas': Trefniant gwerinol o'r alaw draddodiadol 'March Glas' yn adeiladu o'r alaw wreiddiol yn unsain, i drefniant mwy cymhleth i dri llais wrth i'r penillion fynd yn eu blaenau. Trefniant effeithiol, gyda chyfalawon hwylus sy'n defnyddio cordiau traddodiadol ar y cyfan, ac yn cadw at naws werinol yr alaw.

1070, 'Galw ni'n ôl': Alaw a geiriau gwreiddiol. Darn mewn arddull ysgafn poblogaidd gyda strwythur penillion a chytgan a fydd yn apelio at gynulleidfa. Mae'r alaw yn ganadwy a chofiadwy iawn. Serch hynny, mae angen mireinio ychydig ar yr ysgrifennu lleisiol, ac yn gyffredinol mae angen mwy o ofal wrth gysodi'r gerddoriaeth. Dylai ei bod hi'n hollol eglur i'r perfformwyr be sy'n ofynnol iddynt wrth ddarllen y copi ar yr olwg gyntaf. Mae angen rhoi sylw i sut mae pob sill o'r geiriau yn gorwedd o dan y nodau, a rhoi nodiadau i egluro pwy sydd i fod i ganu'r rhannau ar yr erwyddi ychwanegol. Mae angen meddwl hefyd sut mae'r gwead corawl yn cael ei effeithio os yn rhannu un llais rhwng gwahanol nodau.

Tonica, 'Colli Iaith': Trefniant o 'Colli Iaith' gan Harri Webb. Mae'n dechrau'n syml yn unsain i leisiau'r merched ond yn adeiladu i drefniant pedwar llais heriol. Mae'n cynnwys anghytgordiau mewn mannau i bwysleisio geiriau, ac yn defnyddio dynameg i roi lliw i'r gwaith. Dylid rhoi ychydig mwy o sylw i ansawdd llais sydd ar eithafion eu cwmpawd, ond ar y cyfan mae'n drefniant effeithiol.

Cariad, 'Cymer ddarn o glai': Cerddoriaeth wreiddiol i eiriau Kuan Te-Sheng. Darn teimladwy iawn gyda chordiau clòs mewn arddull tebyg i rai o'r cyfansoddwyr corawl cyfoes fel Eric Whitacre ac Ola Gjeilo. Mae'r alawon a'r gwead yn gweddu'n dda i'r geiriau, a'r dynameg yn effeithiol. Mae'r cyfansoddwr yn amlwg yn deall sut i ysgrifennu ar gyfer lleisiau corawl.

Rhoddir y wobr i *Cariad*, 'Cymer ddarn o glai'.

Deuawd a/neu gorws o arddull Sioe Gerdd, hyd at 4 munud o hyd. Cyfrifoldeb y cyfansoddwr yw sicrhau hawl i ddefnyddio'r geiriau

....

BEIRNIADAETH HUW FOULKES

Clarus, 'Golau Dydd': Cyfansoddiad *Clarus* yw unig ymgais y gystadleuaeth hon ac o ystyried poblogrwydd arddull Sioe Gerdd, mae hynny'n siom. Does dim dwywaith fod y cyfnod diweddar wedi rhoi cymaint o destunau posib i'n cyfansoddwyr eu harchwilio, ac yn gyfle hefyd i greu darnau gwreiddiol. Syniad syml sydd tu ôl i eiriau'r cyfansoddiad: y dyheu cyson am oleuni a'r rhwystrau sy'n dod yn sgil hynny. Mae'r gerddoriaeth yn adlewyrchu'r geiriau a'r adeiladwaith drwyddi draw yn portreadu'r chwilio am oleuni.

Yn gyffredinol, mae'r alaw yn gorwedd yn ddigon taclus er bod rhai neidiadau anesmwyth ar adegau. Rwy'n annog *Clarus* i edrych eto ar bob llais yn unigol a gofyn iddo'i hun a oes digon o ddiddordeb yma i bob llais. Llwyddiant cyfansoddi i gorws yw sicrhau fod pob rhan yn haeddu lle a bod digon yn y gwead lleisiol i gynnal diddordeb, nid yn unig y gwrandawr, ond y perfformwyr eu hunain hefyd. Mae'r cordio yn ddigon taclus a'r cyfansoddiad yn cynnal gyda rhai cymalau cofiadwy. Diolch i *Clarus* am anfon *demo* gydag awgrym o'r cyfeiliant a'r lleisiau.

O ran y geiriau, mae ambell wall treiglo hwnt ac yma ac mae angen edrych eto ar y ffordd y mae rhai geiriau'n gorwedd wrth eu canu. Mae rhai geiriau dibwys yn gorwedd ar guriadau cerddorol, pwysig. Wedi dweud hynny, mae digon o addewid yma ac oherwydd yr ymdrech i gyflwyno darn newydd, gobeithiol, mae'r wobr yn cael ei rhoi i *Clarus* tra'n ei annog i ddatblygu'r gwaith ymhellach.

Darn o waith electronig, hyd at 5 munud o hyd

BEIRNIADAETH GRIFF LYNCH

Daeth pedair ymgais i law. Maen nhw'n amrywiol iawn eu naws, a hynny mewn *genre* o gerddoriaeth sy'n eang iawn o ran cyfeiriadau posib.

Moc: Mae'r cyfansoddiad hwn yn daclus, yn syml ac yn effeithiol. Mae'r cyfansoddwr yn amlwg yn deall rhythmau pop electronig gyda synau piano yn bownsio rhwng curiad cyson y drwm bas. Hoffwn fod wedi gweld mwy o chwarae gyda sŵn y piano er mwyn rhoi teimlad mwy epig yr oedd y cyfansoddiad yn ei haeddu.

Galaeth: Dyma'r darn sydd hawsaf a'r un sy'n mynd â fi'n syth i'r gofod. Mae'n ysgafn a llyfn a byddai'n hawdd yn gallu bod yn gerddoriaeth gefndirol i ryw ffilm *sci-fi*. Mae'n datblygu i fod yn fyrlymus, ond heb golli naws hamddenol 'trans'.

Adfywiad: O bosib mai yma y gwelwn y trefniant offerynnol gorau yn y gystadleuaeth. Mae'r bas a'r drymiau yn sgwrsio'n braf drwy'r gân, a'r interliwdiau cerddorol yn fendigedig yn arwain y gwrandawyr ar daith hamddenol, braf. Credaf y gallai'r cymysgu fod yn llai 'mwdlyd', ond nid beirniadaeth ar y cyfansoddwr ydy hynny oherwydd mae cymysgu yn grefft ychwanegol ynddi'i hun.

Ffrwd: Mae'n edrych yn debyg fod y cyfansoddwr wedi defnyddio offeryn(nau) a theclynnau electronig analog, yn hytrach na meddalwedd cyfrifiadurol yn unig, sy'n gwneud i'r darn sefyll allan. Mae hwn yn fwy na chyfansoddiad; mae'n chwydiad meddyliol ar ffurf *soundscape*. Ar yr arwyneb, dim ond sŵn sydd yma, ond gwrandewch yn astud, mae angst a thywyllwch iasol yn cuddio. Er bod darnau cerddorol gwell nag un *Ffrwd*, a darnau haws ar y glust, credaf fod *Ffrwd* yn cynnwys stori ac emosiwn, sy'n ei osod ar wahân i'r lleill.

Mae'n benderfyniad anodd rhwng *Adfywiad* a *Ffrwd*, ond rhoddaf y wobr i *Ffrwd*.